STEM+

Science　Technology　Engineering　Mathematics

课程设计与实践指导

李慧 著

上海社会科学院出版社
SHANGHAI ACADEMY OF SOCIAL SCIENCES PRESS

序

　　STEM，是一个英文缩略语，它包含着科学、工程、技术与数学四大领域。它不仅高频率地出现在各国教育改革发展文件、学校课程教学指南和教育专著论文中，而且还不时出现在各国政府、国际组织关于经济发展、科技进步、人力资源乃至国家安全和国际关系的重要文献中。可以说，STEM 已经成了 21 世纪各国教育改革发展绕不开的主题，STEM 也已经成为当今世界世人瞩目的话题。

　　笔者发现，各国政府、社会和教育界对 STEM 的关注可以分为三个层面。

　　第一，人们最为宏观的关注是，本国 STEM 人才多少、质量高低，以及是否足以应对社会经济发展和国际竞争的需要。以美国为例，2019 年美国重要智库战略与国际研究中心（CSIS）的《战略竞争时代的科技合作》报告就明确指出：对美国来说，加紧培养 STEM 人才是一个新时代的老问题。1957 年苏联人造卫星率先飞天进入太空之时，美国朝野就在万分震惊的同时，深刻反省并发现了美国在数学、科学和工程人才教育培养方面的严重问题。于是，美国国会立足"加强国防、维护安全"，专门制定了美国历史上第一部覆盖各级各类教育的联邦法律——《国防教育法》。该法规定，美国联邦和各州政府必须加强数学、科学和外语的"新三艺"教育，并通过联邦政府财政拨款在全国范围中资助数学和科学教育发展，培养数学和科技人才。此后，美国政府、国会两院和重要机构，如美国国防部、全国科学基金会等，每过七八年就反思评估一次，跟踪分析数学、科技人才培养状况，及时追加联邦政府拨款，提高学校 STEM 教育和大学 STEM 研究的水平。这些机构还多次警告：STEM 教育不力、人才匮乏将宕延美国的科技创新、阻碍美国实体经济的发展、弱化美国的国家安全、削弱美国的全球竞争能力、甚至丧失美国的全球领导地位。

　　美国战略与国际研究中心的这份报告就提出，在 1960—1980 年代，美国 STEM 研究比较的主要对象是苏联，1980 年代一度盯上日本与印度。21 世纪以来，美国则把比较分析的重点转向了中国。这份报告本身还"图文并茂"地推出了美国与"竞争对手"中国的统计比较。报告说，2016 年中国本科 740 万学士学位获得者中，有

35%的人即250万左右毕业于STEM专业，而美国同年本科毕业生人数远少于中国，取得STEM专业学士学位的毕业生仅为18%，人数约为70万。2017年，中国培养的高层次人才即STEM专业的博士生人数为32 700名，首次在培养人数上超过美国，美国当年培养的STEM专业博士人数为32 359名，而且其中还有三分之一的人是各国留学生。

在宏观层面上关注STEM教育的原因，其实十分简单。那就是发达国家的政府、社会和教育界都已经十分深刻地认识到，在当今世界和我们可以预见的未来，各国的新兴技术研发与创新创业、经济繁荣发展与社会个人生活、全球环境保护与人类公共卫生、国际合作竞争与参与全球治理、捍卫本国安全与维护世界和平，全都与STEM教育有着密切的联系，全都离不开培养STEM专门人才和具备STEM起码常识的公民。

然而，关键的问题在于，几十年来，世界各国，特别是发达国家，学习STEM专业的大学生并没有增加到各国政府与社会期望的程度，基础教育阶段学生的STEM科目成绩并没有稳步或者大幅提升。经济合作与发展组织的"国际学生评估项目"（PISA）显示，美国、英国、德国、法国、意大利等西方G7大国的PISA数学与科学测试平均成绩自2000年以来一直未见显著进步，数学成绩一直徘徊在480—510分的水平（表1），科学成绩一直徘徊在470—510分的水平，而且远低于东亚的日、新、韩等国，加剧了西方欧美国家在STEM教育方面的焦虑。

表1　PISA 2000—2018数学测试中部分国家的平均成绩

	2000*	2003	2006	2009	2012	2015	2018***
美　国		483	474	487	481	470	478
英　国			495	492	494	492	502
法　国		511	496	498	499	495	493
德　国		503	504	513	514	506	500
意大利		466	462	483	485	490	487
日　本		534	523	529	536	532	527
新加坡			——	562	573	564	569
韩　国		542	547	546	554	524	526

续表

	2000*	2003	2006	2009	2012	2015	2018***
加拿大		532	527	527	518	516	512
上海/四省**	——	——		600	613	531	591

资料来源：OECD. PISA 2018 Results. Vol. 1［M］. Paris：OECD.
* 2000 年以阅读测试为主，各国数学成绩未作系统统计。
** 2009 年和 2012 年上海参加 PISA 测试，2015 年中国北京、上海、浙江和广东四省市参加测试，2018 年中国北京、上海、江苏和浙江四省市参加测试。
*** 2018 年 OECD 开始将纸笔测试改为计算机测试，整体平均成绩似乎有所下降。

各国关注的第二层面是 STEM 教育的对象、内涵与要求。在这个层面上，人们最关注的问题有两个，谁应该接受 STEM 教育？STEM 教育应涵盖哪些内容？在发达国家中，英国政府最先用法律形式规定，所有义务教育阶段学生都不仅要学习英语与数学，还应该接受科学教育和技术教育。1988 年英国颁布《教育改革法》，在历史上第一次设立"国家统一课程"，一改原先每个人都可以选学自己喜欢的课程，导致选学数学、科学的高中生日益减少的问题，将英语、数学和科学定为义务教育学生人人年年必学的"核心课程"；将"技术课"定为七门"基础课程"之一。英国政府曾不无自豪地表示，把技术课规定为 5—16 岁学生都要学习的国家统一课程的基础学科，显示出英国在教育理念上的巨大进步，"没有一个西方国家已经在所有义务教育年龄学生的课程中给予技术课程如此突出的地位"。1980 年代以来，美国政府的许多文件也反复强调，要让所有中小学生，特别是高中学生学习 STEM 课程。1983 年美国教育部"卓越教育委员会"向教育部、国会和总统提议：必须改变"自助餐式课程"，这样的课程"很容易错误地把开胃品和甜点心当作主菜"，而推行所有学生在高中四年中都学习四年英语、三年数学与科学、半年计算机技术等 STEM "核心课程"。

在这个层面上，人们关注的另一个问题是，STEM 教育应该包括哪些课程与内容？美国科学促进会的《普及科学——美国 2061 计划：关于普及科学、数学和技术基础知识的研究报告》对科学、数学、科学以及工程的性质做了系统严谨的阐说，对它们的社会价值与教育价值作了系统的论述，对普及科学、数学、技术基础知识的内涵作了详细的说明，对教育改革和课程内容提出了《生物与保健科学》《数学》

《自然科学、信息科学与工程学》《社会科学与行为科学》和《技术学》五份详尽的报告。

例如,《2061计划》专门论述了"技术"这一基础教育中经常被忽视的领域和课程。报告指出,技术的性质是"自从有人类存在,就有技术。实际上,工具制造技术一直被作为人类文化起点的主要证据","技术是人类文明发展的强大动力,所有技术都与科学紧密相关"。技术产生于人们对事物性质的认识和解决问题时获得的经验,以前"技术诀窍由师傅向徒弟一代代传授下来",但今天,流传下来的已不仅是工匠的技艺,而且已经"变成了一项复杂的社会事业,不仅包括研究、设计与制作技巧,而且还涉及财政、制造、管理、劳工、营销和维修",成为"一部由文字、数据和图表组成的浩瀚文献"。"从最广泛的意义上讲,技术增强了我们改变世界的能力。"人们利用技术将材料切割、塑造或者合成一体;人们利用技术将物体从一个地方移到另一个地方,技术扩展了人的触觉、听觉和感觉。人类试图"运用技术改变世界,使其更加美好"。近几十年来,随着信息交际技术和人工智能技术的迅速发展,"技术"又将"信息交互技术"(ICT,我国多用IT表示)作为极为重要的内容包含在"技术"之中。因此,发达国家政府与学界普遍确认:技术(包括ICT技术),应该成为21世纪教育应该包含的核心要素,所有21世纪学生必须学习的内容、培养的核心素养。

对于基础教育界比较陌生和疑惑的"工程学",《2061计划》也作了精辟的阐述。该文献指出,"工程学是系统地运用科学知识和应用技术""使科学探索与实用价值相结合","工程由与科学探索和数学模型联系最紧密的技术构成"。"从其最广泛的意义上讲,工程包括提出问题和解决问题。其基本方法是,对必须研究的物体(如汽车发动机、计算机芯、机械玩具),或者所要进行的工作(如灌溉、民意测验、产品试验),首先要提出总的设想,然后,给出技术细节",从而使问题能够得到解决、使器物得以制造、使项目得以完成、使目标得以实现。与科学研究相比,工程技术"更能够更直接地影响社会系统和社会文化,影响人类事业的成功或失败,给每个人带来直接的利害关系。"因此,任何工程决策和工程项目,无论是设计一个飞机机门销栓,还是一个灌溉系统,"都不可避免地要涉及社会价值、个人价值以及科学判断等问题"。可以说,科学研究认为世界是可以认识的,并力图找出现象与理论之间的关系；数学研究认为现象是可以量化计算的，并力图对想象和对抽象概念进行逻辑推理与证明；工程研究则认为现象是可以改变的，并力图通过设计和综合运用科学、数学和技术，使问题可以得到解决，使目标得以实现。该报告提醒美国公众，既然"工程"对解决问题和改变世界如此重要，为何不要求中小学生广泛学习呢？

各国关注的第三层面是，如何实施 STEM 教育。在这个层面上，一种有力的主张认为，我们仍然应该要求学生通过各基础学科学习和掌握科学（物理、化学、生物等）、数学和技术（信息技术）的基础知识和基本技能，养成正确的科学世界观、数学思维方法、工程决策设计观念和技术运用能力。这种主张也顽强地渗入各国的教育考试和国际教育成就评估之中。例如，近年来，美国 SAT 考试（相当于大学入学考试）在原有的几十年未变的"数学推理"（math reasoning）和"言语推理"（language reasoning）考试的基础上，增加了 SAT Ⅱ 科目考试。而 SAT Ⅱ 中的大部分测试都是单一学科式的考试，如物理、化学、生物学、生命科学、纯数学、应用数学、信息技术，等等。再如，1990 年代末出现的美国"大学先修课程"（AP 课程与测试），大部分也是分科设立的。英国大学升学用的 A – Level 考试和欧洲各国的高校升学考试也主要采取分科测试，而这些分科测试反过来又影响和强化着各国高中的分科教学。同时，国际大型教育成就测试，如 PISA（国际学生评估项目）测试，从 2000 年一开始就首先确定阅读、数学和科学三大学习领域的"基本素养"测试。从 1960 年代开始演进的 TIMSS（国际数学与科学教育趋势研究测试）也是分数学和科学对 4 年级和 8 年级学生进行跨国比较测试的。分科教学似乎仍然是中学阶段学生学习数学和科学基础知识的主要形式。

另一种观点强调，除了传统的数学、物理、化学和生物等分科教学，还应该采取"综合统整的方法"（integrated approach）进行 STEM 教育。这种主张已经日渐增强并成为 STEM 教育，特别是中小学教育中的一大潮流。这种观点认为跨学科 STEM 教育的方法至少有三大优势。

第一个优势是，在许多国家，特别是在中学阶段就长期采取"选修课"制度的国家，许多学生因为畏惧科学、技术等"硬课程"（hard course），故意避免选修数学、物理、化学、生物和技术课程，导致许多学生即便高中毕业，数学、科学和技术知识却极为贫乏。与其不学科学技术，还不如从综合性的问题出发，促进学生学习科学、数学、技术，以与日常生活密切联系的问题，激励学生尽可能有兴趣地、尽可能多地学习这些学科的基础知识，掌握最起码的基本技能。美国教育部就曾根据布什总统《不让一个孩子掉队法》的规定，通过跨学科的综合学习方式，让美国50％的中学生达到最起码的"科学"教育标准，其中27％的非洲裔学生也达到学习"科学教育"相关课程的标准。有英美专家甚至提出，如果"要维护女生和少数族裔学生"学习数学、科学和技术的积极性，为他们表明"他们能同别人一样，学习相同的课程、达到同样的水平"，学校就应该选择与生活密切相关、容易理解并激动人心，免去死记硬背术语公式的课题，让学生通过小组学习等方式来学习。如能这样，"几乎所有学生都会努力学习"。

第二种优势在于，整合学习、跨学科学习不仅更能吸引学生学习 STEM 课程，而且有助于学生学会在掌握知识和技术的基础上，运用知识和技术去解决真实的社会、科技和生活中的问题。而解决问题、创新事物和改善人类生活正是人类学习的重要目的。为此，一些专家认为，"与传统的分科教学科目相比，每门学科的界限应该软化，强调相互衔接。例如，在物理、生物和技术系统中都讲能量转换；在恒星、有机体和社会中都出现演变问题"。更有许多教育专家提出，应该倡导克伯屈依照其师杜威的思想开展"项目学习"（project learning，旧译"设计教学法"），让学生在不断学习数学、科学和技术领域基础知识与技术的同时，大量运用"项目学习"的方式，综合使用不同学科的知识技术去独立和协作解决问题，而问题的解决又能成为学生反思各学科知识技术的社会意义、科学实质与运用价值的过程。

跨学科 STEM 教育或者说 STEM 统整性学习的第三个优势还在于，这种学习过程，不仅仅有利于学生学习学科性知识（disciplinary knowledge）与跨学科知识（interdisciplinary knowledge），而且有利于学生学习"认知性知识"（epistemic knowledge）和"过程性知识"（procedure knowledge）。所谓"认知性知识"是"认识专家是如何发现学科知识并应用学科知识的知识"，这种知识有助于学生认识学习的价值、运用知识的可能和增进学科学习的积极性。

而"过程性知识"更需要通过整合学习、项目学习和在解决问题的实践中来体验并实现。所谓"过程性知识"就是关于事物是如何制成、实现一个目标需要在什么样的约束条件下、采取哪些步骤才能够实现的知识。有些过程性知识主要出现在某一两个领域中，而更多的过程性知识是可迁移的，可以运用到各个生活、社会和科技领域与情境中，用以解决各种社会、生活和科学难题。经济合作与发展组织（经合组织）、联合国教科文组织和美国科学促进会将这些称之为"可迁移过程性知识"（transferable procedure knowledge）。

具体地说，可迁移过程性知识又包含着"认识和发现问题""理性陈述问题""形成和建立认识问题和解决问题的框架""认识解决问题的约束条件""设计解决问题的过程方案""配置解决问题的资源工具""使用知识、资源、技术等解决问题（制作产品）""监测过程、调整行动""呈现问题解决的结果（制作成的产品）""评价结果与产品""形成新的知识、技术与经验"，等等。如果面对的是一两个人无法解决，而需要合作协力才能解决的问题或者才能够生产的产品，那么可迁移知识中还应该包括"如何达成共识""认同问题实质""共同规划设计""发现个人擅长""维护团队合作""共同为了一个目标而奋斗"的知识和技能。

在联合国教科文组织、经合组织关于2030年教育发展目标和学生核心素养中，都将这些"可迁移过程性知识"列为与"学科知识"同样重要的知识，列为学生核心素养的重要组成部分。因此，经合组织在2015年的PISA测试中，专门设计了"协作性问题决绝"测试，测试通过问题解决的"过程性知识"（四步骤八环节）和协作所需的形成共识、共同行动和维护团队三要素构成了双向12格的测评标准矩阵，近40个国家的学生参与了此项测试。为"可迁移过程性知识"概念的确立，为"项目学习"和"整合性方法"在STEM教育中的价值肯定作出了贡献。

中国虽然是一个学习STEM课程人口最多的国家，也是每年培养STEM专业本科生和研究生人数最多、比例很高的国家，但是中国在STEM跨学科教育，在通过"项目学习"的方式开展STEM教育的方面，显然还刚刚开始。不管是对STEM教育和项目学习的价值理解，还是对STEM促进学生"认知性知识"和"可迁移过程性知识"增长的认识，亦或是如何在不同年级、不同领域开展STEM教育的方法等方面，我们还需要向世界学习、需要研究与探索。令人欣慰的是，上有国家教育部充分肯定STEM教育的价值和跨学科STEM教育的价值，编制颁发了一系列重要文献；下有像李慧博士这样一大批青年教师投身于STEM跨学科教育的研究，努力探索 STEM 教育的秘密、设计跨学科 STEM 教育课程、开发 STEM 课程教学和评价工具。我相信，中国的 STEM 教育也一定会得到蓬勃发展并与发达国家并驾齐驱！中国的学生也一定会通过 STEM 教育，成长为善于掌握和运用 STEM 学科知识和过程性知识、善于认识问题和协作解决问题、勇于和善于创新创造的 21 世纪新人！

是为序。

联合国教科文组织教师教育中心负责人 张民选

2020 年 8 月 10 日

前言

致读者

本书读者对象为教育工作者,其用途广泛。教师可用本书指导和丰富他们开展跨学科教学设计和教学活动,亦可用于创新常规课堂的教学设计和教学活动,以应对多样化需求的课堂。教育研究工作者可以本书提供的有关跨学科教学的设计理念、框架思路和 STEM+课程案例作为素材开展研究。本书适合职前教师和在职教师的专业发展培训使用,也可以作为培养本科生或研究生跨学科教学能力的课程学习教材。

我们应培养什么样的人?我们需要什么样的教育来实现人才培养的目标?这些问题已经逸出教育界,成为各个领域共同关注的议题,事实上,称之为世界性难题也不为过。面对世界多极化、经济全球化、文化多元化的时代状况,科技创新已成为驱动经济发展的关键动力,具有批判精神、创新意识和创造力的公民则是国家可持续发展的重要资本和国家竞争力的重要体现。时代发展和国家需求反作用于教育,推动了教育变革。培养学习者的关键能力与核心素养,为他们做好应对未来世界的准备,这便成了世界各国教育改革的重要目标和内容。

近年来,以跨学科和真实问题及情景为显著特征的 STEM 教育(STEM Education)进入公众视野,得到多国政府、教育界、企业界和其他利益相关群体的广泛关注,并被视为是提升学生学习兴趣、培养跨学科能力和创新能力的有效途径。STEM 是科学(Science)、技术(Technology)、工程(Engineering)和数学(Mathematics)四门学科的简称。现如今,STEM 教育除了 STEM(整合科学、技术、工程和数学四门学科)外,还衍化出了 STEAM(在 STEM 基础上融合艺术 Arts)、STREAM(在 STEAM 基础上融入阅读 Read)、STEMx(在 STEM 基础上再融合任意一门课程)、STEM+(在 STEM 基础上整合更多的学科、更广泛的领域)等跨学科课程类型。虽然形式愈加丰富,但这些跨学科课程都基于共同的教育理念,即一种融贯不同学科知识，联系真实世界，以现实问题为导向，形成严谨且系统化学习经验的课程，通过课程的实施，训练学习者解决复杂问题的能力，培养职业兴趣，进而提升个体的竞争力。

STEM教育对个人、家庭和国家的现实意义不言而喻。STEM教育起源于美国，已经在美国、加拿大、芬兰、德国、英国、澳大利亚等许多国家的基础教育（K-12）中取得了良好的教学效果，但在我国受到普遍关注还只有数年。如何设计和实施STEM教育使之既能实现我国人才培养的目标，同时又富有时代气息？这是笔者一直在思索的问题，也是笔者决定编著此书的缘由，迫切希望就此与同仁探讨。

关于本书

每一次教学设计都是经历一番创新的过程，每一个教学活动都是一件创造的作品。希望这本书能够给读者带来崭新的想法，以及在教育教学方面创新创造的灵感。

本书的写作目的之一是启发教育者（比如教师、有兴趣从事教育工作的人士、家长等），让身处分科教育环境中的教育者能够对以跨学科为属性的STEM教学充满信心，能够轻松地设计出STEM主题项目，并高效地开展SETM教学工作。

本书的写作目的之二是启迪学习者（比如中小学学生、大学生），让学习者爱上思考，乐于探索人类、自然和社会，勇于解决问题。在思考、探索和解决问题的过程中，学习者能够在知识的积累、能力的养成和社会责任意识等方面有所提升，体验创新创造的乐趣，并从中源源不断地获取学习的热情。

本书围绕着三个问题展开，其一是STEM教育如何与现有的学校课程体系保持连贯性？其二是STEM教育如何融入常规的课堂教学？其三是我国的STEM教育如何走出一条本土化特色道路？笔者试图从STEM+课程的设计与实施过程对这三个问题做出解答。

本书由前言、理论篇、实践篇、附录和参考文献五部分组成。前言中介绍了成书的有关信息，为读者提供阅读指南；理论篇由第1章和第2章组成，介绍了STEM教育的相关概念、国际发展态势以及STEM+课程的设计思路和框架；实践篇包含第3章和第4章，展示了STEM+课程的案例内容及其教学过程；附录提供了STEM＋课程主题项目实施所需的安全说明；参考文献中罗列了书中主要参考的文件、书籍、论文和网站等资源，方便读者查阅相关资料。

由于STEM教育发展出了形式多样的课程，如前文所述的STEM、STEAM、STREAM、STEMx、STEM＋等，在本书中，当述及概念和理念的内容时，采用"STEM""STEM教育"作为统称，即指上述各类型课程所属的范畴，在课程设计和教学形式等具体层面的介绍时，则使用不同的名称对这些课程类型进行区别。下面，着重介绍理论篇和实践篇的编写情况。

第1章谈及两个问题。

● 第一个问题是有关"STEM概念化"的问题。STEM教育与时俱进，随着学科的发展和学科间的交叉融合，STEM教育的课程形式也发生了明显变化，涌现出形式多样的跨学科课程。不仅如此，STEM教育的内涵也更加丰富，由于STEM教育牵连着不同利益相关群体，各类利益相关者因立场不同而对STEM教育产生了迥异的理解，并影响着STEM教育的发展方向和进程。书中着重介绍了教育领域对"STEM"的不同理解，从课程维度和学习方式维度提出了一个整合的概念，凸显其跨学科的属性以及问题和情景的真实性这些核心特征，这也是本书的理论基础之一。

● 第二个问题是关于国际STEM教育发展的问题。世界各国所处的国际地位不同，又具有独特的国家历史、社会文化、政治体制和教育体制等，造成诸国发展STEM教育的动机、需求和成效也不尽相同。本书选取了美国、加拿大、英国、德国、芬兰、澳大利亚、日本、韩国和中国九个国家，简要概述了其各自STEM教育的发展状况，向读者展示了STEM教育在教育改革、经济发展、社会公平和人才资源配置等方面产生的影响。

第2章概述了STEM＋课程设计的方法论，分为三个部分，向读者呈现了STEM＋课程设计的框架和主要环节设计的脉络。

● 第一部分是STEM＋课程目标和教学目标的设计。本书以中国学生发展核心素养和美国21世纪学习框架中所描绘的核心素养与关键能力作为STEM＋课程人才培养的蓝图，结合了我国的国家需求、教育政策等文件，同时借鉴美国的教育文件等资料，提出了STEM＋课程的定位，设计了STEM＋课程的目标，此部分还介绍了教学目标的设计思路与方法。

● 第二部分是 STEM＋课程的主题设计和内容设计。笔者以核心课程、跨学科主题以及真实性为抓手实施 STEM＋课程的主题设计和教学内容设计，分别借用美国的 STEM 课程案例和本书中的 STEM＋课程案例阐述了设计的缘由和设计的流程。这一部分试图回答笔者提出的"STEM 教育如何与现有的学校课程体系保持连贯性"问题。

● 第三部分是 STEM＋课程的教学与学习方式设计和评价设计。书中首先介绍了国际上 STEM 教育常用的教学设计，然后展示了 STEM＋课程教学与学习方式设计的思路，列举了一些主题项目的教学与学习设计，最后介绍了对 STEM＋课程的评价设计。这一部分试图回答"STEM 教育如何融入常规的课堂教学"的问题。

第 3 章和第 4 章具体展示了两个 STEM＋系列课程，即"生态文明建设：守卫家园"（第 3 章）、"流行病与大数据：与时间赛跑"（第 4 章）。每个系列均由三个主题项目构成，内容丰富、有趣，不乏挑战性。这些主题项目的设计和教学实施都是以第 1 章的内容作为理论基础，以第 2 章的内容作为方法论指导。实践篇的两个章节采用了相同的编排体例，均由两个部分构成，第一部分包括"项目内容介绍""项目实施过程""项目设计解析"和"项目拓展方向"四个节段，方便读者更加全面、清晰地了解是这些主题的设计思路、实施过程等内容。第二部分是与主题项目配套的学习资料和评价工具，包括"学习单""评价量表"和"先行组织者材料"等。

● "项目内容介绍"一节概述了主题设计的依据、主题项目的教学目标、教学过程或者活动流程，描述了跨学科的概念、技能，以及课时、适用学段与整合的学科。

● "项目实施过程"中，按照教学设计或者活动设计的框架展示了 STEM＋课程实施的详尽过程，描写了教师讲述的部分内容、关键问题的设计、师生和生生互动的情景、学生的作品等，读者可以从中清楚地了解到主题项目的实施细节，从而理解核心课程、跨学科以及问题和情景真实性这三个要素在主题设计中的体现和在教学中的落实。这一节中还编排了"教学提示"栏目，一方面，就一些教学问题与读者探讨，比如教学策略的使用、学习环境的设计等，另一方面，提供了与项目学习相关的材料与资源。通过编排"教学提示"栏目，希望增加与读者的互动，同时又能够使读者享受连贯的阅读体验。

● "项目设计解析"中，分析了主题项目的教学目标对其所属系列的 STEM＋课程目标的支撑情况、教学目标与学习者低阶思维能力和高阶思维能力的对应情况、不同学科的知识在主题项目中的整合方式。在部分项目中讨论了采用教学设计或者活动设计的原因，并分析了选用引导发现式教学模式、知识呈现教学模式和探究性学习模式等教学与学习方式的理由。这一节的内容旨在帮助读者从实践层面理解第 2 章讲到的 STEM＋课程教学与学习方式设计的理论和框架。

●"项目拓展方向"一节呈现了 STEM＋课程拓展的角度。考虑到本书篇幅的限制，笔者根据书中所列举的主题项目和实施过程，从主题设计、教学或者活动形式、学习材料、作品产出等方面提供了 STEM＋课程的创新思路，抛砖引玉，希望读者能够设计出更多、更好的跨学科主题项目。

本书突出实用性。在每个主题项目的实践描述之后，还提供了与之配套的学习单、评价工具和安全承诺书，方便读者"即看即用"。

●学习单包含三部分内容，发挥三项功能。

其一是"概念词典"，该版块梳理了主题项目涉及的重要的学科概念，按照名词的首字母顺序排序，便于学习者快速查找，在历时几周的学习中能够随时复习。

其二是主题项目中包含的活动及其记录表单，作为导学资料和任务单，这些表单为学习者提供了"做项目"的指引。通过活动的实施和表单的记录，学习者将在相关学科知识的理解和跨学科应用、关键能力、核心素养等方面得到提升。读者也可以将这些活动内容和记录表单的样式与前文的"项目实施过程"相联系，进一步掌握每个主题项目的具体教学与学习过程，从中了解主题项目对教学目标和 STEM＋课程目标的支撑情况。譬如，本书中所列学习单上涵盖了不同类型的写作任务，包括试验报告、设计报告、研究报告、讨论记录、反思记录、评论、创意写作等，这些写作任务融于科学探究、工程设计、团队合作、反思学习、写作等学习活动中，旨在促进课程目标"（2）能够理解人类、自然和社会的相互作用及其产生的多维度效应和综合影响，（3）能够掌握科学探究和工程设计的流程，（4）能够运用跨学科思维、逻辑推理以及多学科知识和技能分析解决现实问题，（5）发展批判质疑、反思、创新创造以及沟通合作、自我管理的能力，（6）能够有效使用与评价技术和媒体信息、创造信息与媒体产品，（7）能够尊重差异、适应变化、愿意承担促进可持续发展的社会责任感"的达成。

其三是"发现与反思"和"教师评语"两个版块，是对学习者学习表现进行的过程性评价。

根据主题内容的特点，在第 3 章的"餐桌上的奇遇"项目中，还提供了"先行组织材料"，为学生架构知识体系，从而辅助项目学习的顺利实施。

● 评价工具是一套评价主体多元化，涵盖课前、课中和课后的闭环式量化评价体系。评价贯穿于主题项目的始终，例如，在主题项目开始前进行项目评价，在专门的评价环节，实施自我评价、作品评价等，评价也渗透到了项目学习的过程当中，比如，学习单的"发现与反思"版块是伴随着学习的推进而开展的，这也是重要的"他评材料"。

● 安全承诺书是由教师制定、学习者签订的一份保障安全的契约。这份"契约"并不是告诉学习者应该做什么，不应该做什么，而是尊重学习者的主体地位，相信他们能够有效地自我管理，通过"契约"增强学习者的安全防范意识和责任感，做到防患于未然。

这本书呈现了笔者从理论层面到实践层面在我国走出一条 STEM 教育本土化特色道路的探索过程。此书并非简单地罗列 STEM 教育案例，而是富有逻辑性地向读者展示了 STEM＋课程设计的依据、步骤和由此诞生的产品，以便让读者了解每个主题和教学过程的来龙去脉。确切地说，这本书是一个关于 STEM 教育的课程设计和实施的指南，而不是一份"产品说明书"，所以，读者无须全盘照搬，可以根据自己的兴趣与特长，结合教学的实际情况，灵活改编项目的内容和任何环节。很快，读者会发现，自己的创意灵感如此丰富，创新创造并不是一件难事！

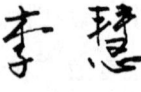

2020 年 5 月

目 录

序 1
前言 1

理论篇

第1章 STEM教育概览 3
1.1 "STEM"的概念 3
1.2 国际STEM教育的发展 6
    1.2.1 STEM教育发展的动机 6
    1.2.2 STEM教育的实践与成效 10

第2章 STEM+课程设计 12
2.1 STEM+课程目标设计 12
    2.1.1 美国21世纪学习框架 12
    2.1.2 中国学生发展核心素养 14
    2.1.3 STEM+课程目标设计 16
    2.1.4 STEM+课程教学目标设计 19
2.2 STEM+课程主题与内容设计 21
    2.2.1 核心课程与跨学科主题 21
    2.2.2 STEM+课程主题设计的依据 26
    2.2.3 STEM+课程教学内容设计 30
2.3 STEM+课程教学与学习方式设计 33
    2.3.1 STEM教育常用的教学与学习方式 33
    2.3.2 STEM+课程教学设计与活动设计 36
    2.3.3 STEM+课程的评价设计 39
    2.3.4 STEM+课程的教学与学习干预策略 41

实践篇

第3章 生态文明建设：守卫家园   45
- 3.1 项目梗概   45
- 3.2 水土流失   47
  - 3.2.1 项目内容介绍   47
  - 3.2.2 项目实施过程   49
  - 3.2.3 项目设计解析   62
  - 3.2.4 项目拓展方向   65
  - 3.2.5 "水土流失"项目学习单   66
  - 3.2.6 "水土流失"项目小组评价量表   72
  - 3.2.7 "水土流失"项目自我评价量表   73
  - 3.2.8 "水土流失"项目评价量表   74
- 3.3 植物的威力   76
  - 3.3.1 项目内容介绍   76
  - 3.3.2 项目实施过程   78
  - 3.3.3 项目设计解析   88
  - 3.3.4 项目拓展方向   91
  - 3.3.5 "植物的威力"项目学习单   92
  - 3.3.6 "植物的威力"项目小组评价量表   99
  - 3.3.7 "植物的威力"项目自我评价量表   100
  - 3.3.8 "植物的威力"项目评价量表   101
- 3.4 餐桌上的奇遇   103
  - 3.4.1 项目内容介绍   103
  - 3.4.2 项目实施过程   106
  - 3.4.3 项目设计解析   126
  - 3.4.4 项目拓展方向   128

3.4.5 "餐桌上的奇遇"项目先行组织者材料　　129
　　3.4.6 "餐桌上的奇遇"项目学习单　　130
　　3.4.7 "餐桌上的奇遇"项目创意写作评价量表　　142
　　3.4.8 "餐桌上的奇遇"项目创意微电影评价量表　　143
　　3.4.9 "餐桌上的奇遇"项目自我评价量表　　144
　　3.4.10 "餐桌上的奇遇"项目评价量表　　145

第 4 章　流行病与大数据：与时间赛跑　　147
　4.1　项目梗概　　147
　4.2　追踪 COVID-19 的踪迹　　148
　　4.2.1　项目内容介绍　　148
　　4.2.2　项目实施过程　　150
　　4.2.3　项目设计解析　　163
　　4.2.4　项目拓展方向　　165
　　4.2.5 "追踪 COVID-19 的踪迹"项目学习单　　166
　　4.2.6 "追踪 COVID-19 的踪迹"项目自我评价量表　　177
　　4.2.7 "追踪 COVID-19 的踪迹"项目评价量表　　178
　4.3　流感疫情监测　　180
　　4.3.1　项目内容介绍　　180
　　4.3.2　项目实施过程　　182
　　4.3.3　项目设计解析　　193
　　4.3.4　项目拓展方向　　194
　　4.3.5 "流感疫情监测"项目学习单　　195
　　4.3.6 "流感疫情监测"项目自我评价量表　　204
　　4.3.7 "流感疫情监测"项目实战评价量表　　205
　　4.3.8 "流感疫情监测"项目评价量表　　206

4.4 人类的保护伞 208
    4.4.1 项目内容介绍 208
    4.4.2 项目实施过程 210
    4.4.3 项目设计解析 224
    4.4.4 项目拓展方向 226
    4.4.5 "人类的保护伞"项目学习单 227
    4.4.6 "人类的保护伞"项目拓展练习评价量表 234
    4.4.7 "人类的保护伞"项目疫苗设计实战评价量表 235
    4.4.8 "人类的保护伞"项目自我评价量表 236
    4.4.9 "人类的保护伞"项目评价量表 237

附录 239

参考文献 243

理论篇

第 1 章 STEM 教育概览

1.1 "STEM"的概念

从"STEM"的英文字母组合中可以很容易知道其基本含义，即科学（Science）、技术（Technology）、工程（Engineering）和数学（Mathematics）四门学科的英文首字母缩写，然而 STEM 教育远非这四门学科的简单组合。从 20 世纪 80 年代至今，"STEM"经历了从 SME&T 更名到 STEAM、STREAM、STEMx、STEM+等形式的演变，其中蕴含的教育理念也随着时代的发展而不断更新与丰富，教育工作者对"STEM"概念的理解直接影响着 STEM 教育实践，有关"STEM 概念化"的研究伴随着 STEM 教育理念的传播如火如荼开展而繁荣。

目前，尚没有一个准确而简明的概念来界定"STEM"，主要原因是不同利益群体从各自的立场和经验去理解"STEM"，从而对"STEM"形成了差异明显的描述（Breiner et al.，2012；Koonce et al.，2011）。在教育领域，有关"STEM"的理解大体上可以分为两个维度，即课程维度和学习方式维度。从课程维度来看，"STEM"是学科知识内容与相关实践整合的课程，强调在知识内容学习的基础上，突出培养学生解决问题的能力、创造力和高阶思维技能。从学习方式维度来看，"STEM"是一种跨学科的学习过程，学生学会运用学科概念和技能理解复杂的现实问题，并通过创新来解决实际问题。Moore 等人（Moore et al.，2015）定义了"STEM"课堂的集成框架六元素，包括：（1）"STEM"的实施应该包含激励学生和吸引学生的环境，使学生参与到有意义的学习中；（2）"STEM"应该包含工程设计挑战，为学生提供相关技术、工程思维、技术创新和技术逆向工程的学习内容，以培养学生解决问题的能力、创造力和更高层次的思维技能；（3）"STEM"应该允许学生从失败中学习，并根据所学进行重新设计；（4）"STEM"应该在学习活动中包含基于标准的数学或科学目标，并融入语言、艺术和社会研究，以帮助学生应对跨学科的现实世界问题；（5）"STEM"课堂应该以学生为中心，重视基础内容的深入学习和学生独立思考，以加深对知识概念的理解；(6)"STEM"课堂强调团队合作和沟通能力。

尽管"STEM"的概念仍在争论和研究中，有关 STEM 教育的教学实践从未停止过。从诸多的教学实践中不难发现，"STEM"是一种贯通学科知识，联系真实世界，以现实问题为导向，形成严谨、系统化学习经验的课程，通过课程实施，训练个体解决复杂问题所需的跨学科知识、关键能力与核心素养，培养职业兴趣，进而提升个体的竞争力（李慧等，2016）。正因为 STEM 教育指向个体竞争力和职业素养，"STEM"也成为利益相关者的共同诉求，现在越来越多的国家将 STEM 教育视为国家在全球竞争中胜出的重要教育手段。

近几十年来，各学科快速发展、学科间不断交叉融合，产生了巨大的经济效益和社会效益，也促进了 STEM 教育在学科整合方面的更新。与早期的"STEM"相比，如今的"STEM"整合课程门类多样、数量繁多，诸如工程学、建筑学、艺术、计算机科学、世界语言、社会学、农学、生物医药科学、信息技术、数字媒体等学科都已经被整合到"STEM"课程中（Hoachlander，2015；Wilson，2015）。然而，一些专家发现，现有的 STEM 教育在学科之间、学科与现实世界之间的关联度依然不足，没有明显提升学生对 STEM 的兴趣（Charette，2015）。STEM 教育恰恰是要通过整合课程实现跨学科学习，进而培养学生的 STEM 素养。为此，美国分别于 2010 年和 2013 年颁布了针对 K-12 年级的《共同核心标准》(*the Common Core State Standards*)（Common Core State Standards Initiative，2010）和《下一代科学标准》(*the Next Generation Science Standards*)（Pruitt，2014），为教学提供了严谨且系统化的标准和评价体系，促进教育者重视和帮助学生建立学科间的联系。2015 年，美国又提出"STEM 整合教育（STEM Integration）"（Moore & Smith，2014），其理论起源于 20 世纪早期的进步教育运动（Dewey，1938）和社会认知研究运动（National Research Council，2000），根据不同的学习目的，把 STEM 整合教育分为文本整合和内容整合（Moore et al.，2014），便于实施灵活的教学，提高学生的学习积极性和学习兴趣，提高学业成绩和学习毅力，目前，STEM 整合教育已在美国的 K-12 年级、专科学校和本科生教育中实施。

本书中所讨论的 STEM+课程是 STEM 教育的课程形式之一，对其概念的理解基本与前文所述一致，但表述更为清楚、具体，即 STEM+以核心课程为基础，整合相关课程，以解决真实世界的问题为导向驱动学习者开展跨学科学习，积累多学科的知识，培养关键能力与核心素养，获得职业体验，提升学习者适应现实世界的能力。这也是本书中 STEM+课程设计与实施的概念基础。

1.2　国际 STEM 教育的发展

1.2.1　STEM 教育发展的动机

美国是首先提出发展 STEM 教育的国家，直接原因与苏联有关。1957 年 10 月 4 日，苏联成功发射了人类的第一颗人造地球卫星，这使得美国既震惊又害怕，那时的美国就已经清醒地认识到，要维持超级大国地位的关键是所拥有科技人才的质量和数量。1986 年，美国国家科学委员会发布《本科的科学、数学和工程教育》（*Undergraduate Science, Mathematics and Engineering Education*），也被称为"尼尔报告（*Neal panel's report*）"，充分肯定了 SME&T（Science, Mathematics, Engineering & Technology）对国家科技实力提升的重要性。这份文件成为美国第一份关于 STEM 教育政策的指导性文件（赵中建，2015）。从 20 世纪 80 年代末至今，美国政府以及美国科学基金会等机构联合多领域的专家、企业家和其他利益相关群体，都在不懈努力地发展 STEM 教育，2015 年，美国颁布了第一部 STEM 教育法，即《2015STEM 教育法》（*STEM Education Act of 2015*），对 STEM 教育的概念和实施做了明确说明（赵中建，2015）。2016 年，美国教育部与美国研究所（American Institute for Research）联合发布了《STEM2026：STEM 教育中的创新远景》（*STEM2026: A Vision for Innovation in STEM Education*），从实践社区、活动设计、教育经验、学习空间、学习测量、社会文化背景这六个方面规划了未来十年 STEM 教育的发展方向（National Center for Education Statistics, 2013；金慧和胡盈滢，2017）。

今天，美国依然保持着全球创新的领先地位，对 STEM 人才的需求也在持续增加，但让美国感到担忧的是，符合 STEM 领域职业岗位的合格求职者大多来自其他国家，而本国公民的数量偏少，来自不同群体的学生在 STEM 领域的学业成就差异巨大，这些对于维护美国公民的利益和社会稳定都是不利的（Ong & McLean, 2014）。近年来开展的对中小学学生在阅读、科学和数学方面的国际测评结果显示，美国的表现并不理想,在 34 个国家中阅读能力位居第 17 位,科学和数学的成绩分别排名第 21 位和第 26 位(U.S. Department of Education,2011),尽管美国是学生人均投入最高的,却未取得良好的预期效果,尤其是在使用高阶思维处理数学问题方面明显不足(OECD,2012)。一项数据表明,美国高等院校中科学和工程领域的学士学位获得者约占 30%,而在日本和中国,相应学位获得者的比例都超过了 50%(National Science Board,2012)。世界的多极化和全球化推动了世界各国科学技术水平的提升,也在促进科技不断融入人们的生活,即便不从事 STEM 领域的工作,每个人也将成为 STEM 产品的消费者,并且不可避免地参与一些与科技等方面有关的复杂议题。因此,美国十分明确其人才需求,既需要 STEM 领域的专业人才,也需要具有 STEM 素养并能够在全球化情景中制定明智决策的公民。以上诸多方面的因素驱使美国长期重视并实施 STEM 教育。

科学技术是第一生产力的观点已经被世界各国所认同。英国是历史上率先开始且最早完成工业革命的国家,其科学技术在相当长的历史时期内都处于世界领先的地位,至今,英国政府依然高度重视科学技术在国家经济发展中的作用,重视 STEM 教育对科技人才的培养。2002 年英国财政部发布《构筑成功:罗伯特评论报告》(*Set for Success: the Report of Sir Gareth Robert's Review*),提出优先发展科学、技术、工程和数学学科,并将其上升为国家战略。时隔两年,英国政府在《2004—2014 科学和创新投资框架》(*The Science and Innovation Investment Framework 2004—2014*)中规划了 STEM 的长期战略目标,明确要增加科学、技术、工程和数学等学科的人才数量,提供资金支持,并设立专门的机构监督资金的使用情况(王小栋等,2017)。经过了数十年的发展,英国的 STEM 人才数量有了明显提升,然而一些调查和研究报告指出,英国的 STEM 教育并没有真正推动经济的发展,主要原因是 STEM 人才缺乏想象力和创新力(Confederation of British Industry,2013;HEFCE,2014)。想象力和创新力被认为是信息化时代必不可少的能力,有鉴于此,2011 年英国国家科学技术与艺术基金会发布了《未来一代》(Next Gen),倡导在 STEM 教育中加入艺术(Arts),并将计算机科学纳入基本培训课程(Livingstone & Hope,2011)。2014 年英国文化学习联盟(Culture Learning Alliance)发布了《STEM + ARTS = STEAM》,加强对学生的创造力、解决问题能力、分析能力和可转换技能(Transferable Skills)的培养，由此 STEAM 教育开始进入英国的中小学校（Culture Learning Alliance，2014；王小栋等，2017）。

近年来开展的国际比较测试，如国际学生评价项目（Program for International Student Assessment，PISA）、国际数学和科学评测趋势（The Trends in International Mathematics and Science Study，TIMSS），成为一些国家实施 STEM 教育的直接动机。日本和澳大利亚在 PISA、TIMSS 中的成绩下降，引起了两国政府的关注。正当 STEM 教育浪潮席卷全球之际，日本和澳大利亚的政府都将 STEM 教育视为提升本国学生学业成就的重要途径。日本历来重视科学技术的创新创造，借助 STEM 教育重点培养 STEM 研究型人才，主要通过借鉴美国经验、开展国际合作和在传统教育中进行创新的方式，增加学生对 STEM 相关学科的兴趣和热情，加强高中阶段的 STEM 精英教育（杨亚平，2015）。澳大利亚先后于 2012 年、2013 年发布了《国家利益层面上的数学、工程与科学》（*Mathematics，Engineering ＆ Science in the National Interest*）与《国家利益层面上的科学、技术、工程和数学：战略取向》（*Science，Technology，Engineering，and Mathematics in the National Interest: A Strategic Approach*）两份文件，从振兴国家经济、维护国际地位的立场阐明了 STEM 教育对国家的重要性。2014 年又接连发布了两份文件，即《STEM：澳大利亚的未来》（*Science，Technology，Engineering and Mathematics: Australia's Future*）和《确定基准：澳大利亚 STEM》（*Benchmarking: Australian Science，Technology，Engineering and Mathematics*），进一步促进 STEM 教育的发展，要求整合 STEM 多个学科以推动学生融入解决经济和社会问题的学习中。2015 年联邦各州政府联合签署了《STEM 学校教育国家战略 2016—2026》（*National STEM School Education Strategy 2016—2026*），更加明确地提出在学校 STEM 教育要与人文、经济领域建立普遍的联系（首新和胡卫平，2017）。

为了顺应数字化和智能制造时代背景下的国内经济结构调整与转型升级，中国借鉴和发展 STEM 教育，旨在培养创新型人才，提升本国的自主创新能力。2014 年至 2015 年间，李克强总理在国内外多个场合提到"大众创业""万众创新"，极大地推动了以创客教育为代表的 STEM 教育的发展。2015 年，教育部发布《关于"十三五"期间全面深入推进教育信息化工作的指导意见（征求意见稿）》，提出探索 STEM 教育、创客教育等新教育模式。次年 2 月,国务院办公厅印发了《全民科学素质行动计划纲要实施方案(2016—2020 年)》,推动全体公民科学素养的提升。2016 年 6 月,教育部出台《教育信息化"十三五"规划》,强调在有条件的地区积极探索信息技术在跨学科学习(STEM 教育)、创客教育等新的教育模式中的应用,着力提升学生的信息素养、创新意识和创新能力,养成数字化学习习惯,促进学生的全面发展,发挥信息化面向未来培养高素质人才的支撑引领作用。同年 9 月,《中国学生发展核心素养》总体框架发布,明确地描绘了学校教育要培养学生的六大核心素养,使其具备能够适应终身发展和社会发展所需的必备品格和关键能力。2017 年,教育部先后印发了《义务教育小学科学课程标准》《中小学综合实践活动课程指导纲要》,倡导学校实施跨学科学习方式,建议教师在教学实践中试行 STEM 教育。6 月,中国教育科学研究院发布《中国 STEM 教育白皮书》,详细论述了中国发展 STEM 教育的时代背景、国家需求以及我国当前 STEM 教育取得的成果和发展面临的挑战等问题。2018 年,中国 STEM 教育 2029 行动计划启动,将从 STEM 教育政策顶层设计、STEM 人才培养的课程和教育活动实施、师资培养与资源整合、STEM 课程标准与评价体系、STEM 教育与经济服务、STEM 教育研究成果推广等七个方面对未来十余年中国 STEM 教育的发展进行规划(中国教育科学研究院,2017)。

1.2.2　STEM 教育的实践与成效

　　STEM 教育从引起关注到被重视，再到升级成为战略，彰显出 STEM 教育的重要性。譬如，2013 年美国布鲁金斯学会（Brookings Institution）使用了"隐藏在 STEM 中的经济（The Hidden STEM Economy）"来暗示 STEM 对经济发展的贡献；政府和越来越多的企业斥资支持 STEM 教师培训，有效地推动了各国教师教育发展；2010 年起，美国开始关注 STEM 教育中的权利平等和机会平等，为贫困家庭出身者、女性、少数族裔等弱势群体获得平等的 STEM 教育权利和 STEM 就业机会做出努力；STEM 教育的发展以及 STEM 岗位需求也为人才在世界范围的流动创造了机会（李慧等，2016）。如今，各国纷纷开展 STEM 教育实践，更加使 STEM 教育显示出继续蓬勃发展的态势。

　　美国的 STEM 教育牵动了来自政界、学术领域、企业界、学校、社区和家庭等利益相关群体（Sabochik，2016）。为了发展 STEM 教育，美国通过政府拨款和私人投资支持 STEM 教师培训、课程开发等，建立了州际联合的 STEMx 网络（Lynch et al.，2015），兴建了众多的包容性 STEM 学校（inclusive STEM schools），如 STEM 特需学校（STEM charter school）、磁石学校（magnet school）、周转学校（turnaround school）等（Lynch et al.，2011；Lynch et al.，2015；Wilson，2015），这些学校开设大学预修课程，课程种类多样，课程内容更加紧密联系现实生活，教师拥有良好的 STEM 教育背景和教学经验，学校积极与高校和社区合作，提升课程质量（李慧等，2016）。高等院校提供了 350 多项措施帮助少数族裔和女性等弱势群体学生获得 STEM 学位，并将于 2022 年新增 100 万 STEM 毕业生，以引导和鼓励学生参与 STEM 学习（Handelsman & Smith，2016）。美国重视培养 STEM 劳动力，学校将职业技术教育（career and technical education，CTE）融入 STEM 项目，如 2000 年发起了工学结合项目（work-based learning，WBL）帮助学生了解自己的兴趣和职业期望，培训学生掌握职业技能，2012 年国家职业技术教育研究中心（National Research Center for Career and Technical Education，NRCCTE）建立了高质量的 WBL 项目，进一步加强在校学习与工作场学习的关联性，以适应劳动力市场的需求变化（李慧等，2016）。

芬兰在 1996 年至 2002 年间，发起了名为 LUMA（LUMA 是芬兰语 luonnontieteet 的缩写，指自然科学和数学）的科学发展项目，成为全国性的 STEM 教育促进项目（Niemi et al., 2016）。2003 年第一个 LUMA 中心在赫尔辛基大学成立，十年后，LUMA 国家中心落成，在促进国家和国际合作、鼓励儿童和青少年进入 STEM 领域等方面发挥作用。LUMA 项目围绕着课程开发、教学与学习方式、教师专业发展和校外学习环境等内容开展工作，极大地推动了芬兰科学教育水平的提升（杨盼和韩芳，2019）。

德国完善的工业和职业教育体系堪称世界典范，但是德国依然缺乏 MINT（Mathematik, Informatik, Naturwissenschaft und Technik）领域的高质量人才。为了满足劳动力市场的需求，德国明确提出通过 MINT 教育弥补综合性劳动力匮乏的问题，保证专业技术人才的数量和质量。在 STEM 教育的实施过程中，德国将 MINT 教育与终身教育相结合，建设"校园实验室"课外教育设施，开展课外 MINT 项目，关注学生在 MINT 职业上的兴趣与可持续发展（杨亚平，2015）。

将 STEM 教育作为一种新型的知识传播与能力培养方式而融入学校教育是许多国家普遍采纳的实践方式。美国国家研究委员会于 2013 年颁布了《下一代科学标准》（Next Generation Science Standards），遵循 STEM 教育理念和模式，针对科学教育制定了课程标准，提出了包含明白新信息的意义、解释现象和解决问题、做出科学决策三个方面的三维学习方法（李慧等，2016）。在加拿大，高等教育和基础教育领域的一线教师主动开展 STEM 教育与科学教育的融合，推动了加拿大的 STEM 教育改革。例如，在高等教育中，许多课程采用了 STEM 的教学方式，一些专业如建筑学、设计学强调融入艺术，开展 STEAM 教育，基础教育领域则广泛采用 STEAM 与 PBL（Problem Based Learning）融合的教学模式，在学习问题选择的综合化和地方境脉资源的利用方面不断改进（陈晓慧等，2019）。中国、韩国都在致力于建立整合型的学校课程和教学模式，以促进学生关键能力发展（中国教育科学研究院，2017；徐田子和夏惠贤，2018）。

第 2 章 STEM+课程设计

2.1 STEM+课程目标设计

2.1.1 美国 21 世纪学习框架

2007 年,由美国的教育工作者、教育领域专家和商业领袖组成的 21 世纪学习联盟提出了 21 世纪学习框架(图 2-1),阐述了学生适应未来生活和工作、成为合格公民所需要的技能、知识、经验和支持系统。至今,21 世纪学习框架已经被利益相关者广泛接纳和使用,极大地推动了美国本土的教育创新。不仅如此,21 世纪学习框架也在世界范围掀起了教育改革的浪潮,尤其是框架中的"关键能力"对我国等诸多国家的教育变革产生了巨大影响。

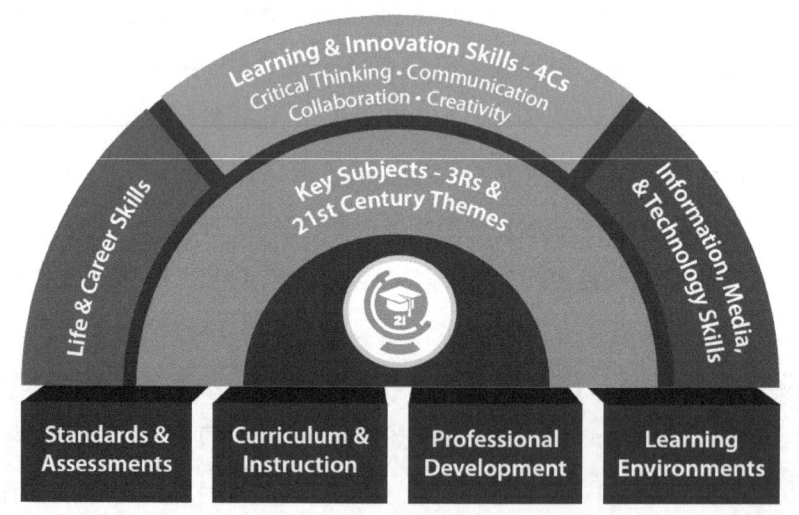

图 2-1 美国 21 世纪学习框架(引自 Partnership for 21st Century Skills,2019)

21 世纪学习框架中的"关键能力"也称"21 世纪技能",包括学习与创新技能(Learning and Innovation Skills),生活与职业能力(Life and Career Skills),信息、媒体和技术能力(Information,Media and Technology Skills)。

"学习与创新技能"简称"4Cs",即批判性思维与问题解决（critical thinking and problem solving）、交流与合作（communication, collaboration and team building）以及创造与创新（creativity and innovation），学习与创新技能是学生为做好适应复杂生活和工作环境所必须具备的能力（Partnership for 21st Century Skills, 2019）。

"生活与职业技能"包含灵活性与适应性（flexibility and adaptability）、主动性与自我导向（initiative and self-direction）、社会性与跨文化能力（social and cross-cultural skills）、生产力与绩效（productivity and accountability）、领导力与责任感（leadership and responsibility），这些技能能够帮助学生驾驭复杂的生活和工作状况（Partnership for 21st Century Skills, 2019）。

"信息、媒体和技术能力"包括信息素养（information literacy）、媒体素养（media literacy）和信息通信技术素养（information, communications, and technology literacy, ICT），这些素养能力是学生应对日新月异的技术化时代和媒体时代所不可或缺的能力（Partnership for 21st Century Skills, 2019）。

21世纪学习框架勾勒出全球化时代的人才标准，这是社会变迁的必然结果。STEM发展出STEM+的形式，正体现了STEM教育理念也在与时俱进。STEM教育理念已经从早期培养STEM素养的科技人才转变为培养具备21世纪技能的人才，更加重视促进学生学会学习、学会做事、学会共同生活、学会生存。

2.1.2 中国学生发展核心素养

自1949年新中国成立以来，我国基础教育课程领域进行了三次主要的改革，期间也有几次探索与调整。纵观我国基础教育改革的历程，从1950年提出基础知识和基本技能的"双基"概念，到2001年倡导知识与技能、过程与方法、情感态度与价值观的"三维目标"，再到如今的中国学生发展核心素养，每一次的基础教育课程改革都与国家所处的国内和国际局势密切相关。基础教育领域的课程改革充分彰显了社会发展对人才需求的变化。

2014年我国教育部印发的《关于全面深化课程改革落实立德树人根本任务和意见》指出，"教育部将组织研究提出各学段学生发展核心素养体系，明确学生应具备的适应终身发展和社会发展需要的必备品格和关键能力"（中华人民共和国教育部，2014）。2016年9月，中国学生发展核心素养正式出台，明确指出了学生应具备能够适应终身发展和社会发展所需的必备品格和关键能力。历次基础教育课程改革并非对原有教育培养目标的全盘否定，而是继承与发展。中国学生发展核心素养也是对"三维目标"的传承与创新，一方面更加注重人的全面发展，另一方面更加精炼地描述了我国学生应对现实世界所应具备的关键能力。

核心素养总体框架由1个内核、3个方面、6项素养、18个基本点构成（图2-2）。核心素养的内核指向"全面发展的人"，阐明了我国教育旨在促进学生在知识、技能、情感、态度、价值观等多方面的综合发展。要实现人的全面发展，需要学生作为个体的人的自主发展，也需要学生协调与周围世界的关系，这两个方面都离不开对已有知识的习得与应用，可见，学生还需要传承人类的智慧经验。因此，核心素养包含了文化基础、自主发展和社会参与三个方面。

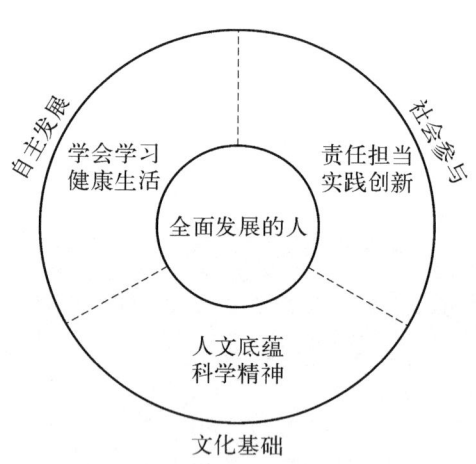

图2-2 中国学生发展核心素养
（引自核心素养研究课题组，2016；经作者重绘）

核心素养的文化基础涵盖人文底蕴和科学精神两项素养。人文底蕴包括人文积淀、人文情怀和审美情趣三个基本点。科学精神包括理性思维、批判质疑和用于探究三个基本点。

核心素养的自主发展由学会学习和健康生活两项素养构成。学会学习包含乐学善学、勤于反思、信息意识三个基本点。健康生活包括珍爱生命、健全人格和自我管理三个基本点。

核心素养的社会参与包括责任担当和实践创新。责任担当体现在社会责任、国家认同和国际理解三个基本点上。实践创新由劳动意识、问题解决和技术运用三个基本点构成。

人才培养目标的革新推动着教育教学方式的变革。中国学生发展核心素养框架与美国21世纪学习框架有异曲同工之处，这可能是STEM教育理念在中国广泛传播和STEM课程形式在我国落地生根的一个重要原因。STEM+课程是STEM教育理念的载体。在我国，无论是引进国外的STEM+课程，还是设计本土化的STEM+课程，都应当秉承STEM的课程目标与国家人才培养目标相一致的原则，开发的STEM+课程要能够培养和发展学生的核心素养。

2.1.3　STEM＋课程目标设计

课程目标反映课程意图，是特定社会意识形态下教育目的和学校培养目标的具体化，是课程定位的延伸，也是课程内容、课程实施和课程评价的依据（李慧和张民选，2019）。因此，STEM＋课程的开发首先应当实施课程目标的设计。

课程目标与国家和社会需求、课程类型、学生个体发展需求等密切相关。在我国，STEM 教育是一个"舶来品"，STEM 的课程目标必须符合我国的国家意志和教育目的，贯彻我国的教育方针，落实学校教育培养目标。教育与社会发展之间存在相互作用关系，社会越进步，对教育的需求就越大，教育变革就有了更多机会。在以科学技术作生产力的国际竞争环境中，社会飞速发展，对教育的依赖程度愈来愈高，STEM 教育就是时代发展的产物，是教育变革的结果。现阶段，我国正处在经济发展的攻关期，亟需先进的科学技术和创新人才助力经济社会高质量发展，顺应社会发展的需求，我国研制了《中国学生发展核心素养》，为各学段育人指明了方向，这也为 STEM 教育在国内的发展开启了新窗口。因此，本书对标的是我国的学生发展核心素养设计 STEM＋课程目标。

从课程类型上看，STEM 课程属于综合课程，但又与分科课程有相似之处。综合课程并非新鲜事物，早在 19 世纪德国教育家约翰·弗里德里希·赫尔巴特（Johann Friedrich Herbart）就提出了课程综合化的问题（张华，2000，p.257）。1902 年，杜威出版了《儿童与课程》(*The Child and Curriculum*)，掀开了综合课程发展的新篇章（张华，2000，p.260）。20 世纪 90 年代以来，世界各国大力倡导通过主题的形式合并相似学科的知识形成一个学科领域，实施课程综合化（张华，2000，p.263）。综合课程主要有三种基本类型：一、学科本位综合课程，分为相关课程、融合课程和广域课程；二、社会本位综合课程，比如科学—技术—社会课程、环境教育课程和国际理解教育课程；三、儿童本位综合课程，即经验课程（张华，2000）。相比于这些综合课程，STEM 课程具有两个典型特征：其一是重视学科知识的基础性，与分科课程类似，强调学生学习与理解核心课程的知识；其二是强调对学生关键能力的培养。长期以来，我国学校教育采用分科教学，编制了各学科的课程标准，规定了学科的课程性质、课程目标、内容目标和教学实施建议。2017年我国教育部颁发的《中小学综合实践活动课程指导纲要》指出，自小学一年级至高中三年级全面实施综合实践活动课程，课程目标以培养学生综合素质为导向，课程开发面向学生的个体生活和社会生活（中华人民共和国教育部，2017）。因此，本书以各学科课程标准和《中小学综合实践活动课程指导纲要》作为设计STEM+课程目标的重要文本资料，同时，这些文件也是笔者进行STEM教育本土化实践的直接依据。

教育的终极目标是追求人的全面发展。全球化推动了世界各国的相互联系，学校教育帮助学生做好适应当今和未来生活的准备，不仅针对本国，还要能够参与国际竞争。STEM教育诞生于美国，因此，本书在设计STEM+课程目标时，也借鉴了美国的21世纪学习框架、2010年发布的《州立共同核心标准》（*Common Core State Standards*）和2013年出台的《下一代科学课程标准》（*Next Generation Science Standards*）的相关内容。

鉴于以上分析，本书设计了面向基础教育学段的STEM+课程目标，课程定位是以多学科的知识和技术为基础，以体验跨学科学习和形成跨学科思维、提升关键能力与核心素养为导向。根据课程定位，凸显课程育人逻辑，制定STEM+课程目标，即通过STEM+课程学习，学习者（1）能够增强对人类、自然和社会现象的兴趣和好奇心，（2）能够理解人类、自然和社会的相互作用及其产生的多维度效应和综合影响，（3）能够掌握科学探究和工程设计的流程，（4）能够运用跨学科思维、逻辑推理以及多学科知识和技能分析解决现实问题，（5）发展批判质疑、反思、创新创造以及沟通合作、自我管理的能力，（6）能够有效使用与评价技术和媒体信息、创造信息与媒体产品，（7）能够尊重差异、适应变化、愿意承担促进可持续发展的社会责任。

上述STEM+课程目标与中国学生发展核心素养、美国21世纪学习框架的对应关系如表2-1所示，本书中所列的STEM+项目正是从这七个目标出发进行设计，也将以目标为导向，提升学习者的核心素养和关键能力，促进学习者全面发展，为适应现在和未来做好准备。

表 2－1　STEM＋课程目标与中国学生发展核心素养、
美国 21 世纪学习框架对应关系

STEM＋课程目标框架	中国学生发展核心素养	美国 21 世纪学习框架
❖ 增强对人类、自然和社会现象的兴趣和好奇心。	❖ 勇于探究 ❖ 乐学善学	❖ （通过）跨学科主题（实现）
❖ 理解人类、自然和社会的相互作用及其产生的多维度效应和综合影响。	❖ 人文积淀 ❖ 审美情趣 ❖ 理性思维 ❖ 国际理解	❖ （通过）跨学科主题（实现） ❖ 有效推理
❖ 掌握科学探究和工程设计的流程。	❖ 理性思维	❖ （通过）跨学科主题（实现） ❖ 有效推理
❖ 运用跨学科思维、逻辑推理以及多学科知识和技能分析解决现实问题。	❖ 问题解决 ❖ 技术运用	❖ 实施创新 ❖ 有效推理 ❖ 解决问题
❖ 发展批判质疑、反思、创新创造以及沟通合作、自我管理的能力。	❖ 批判质疑 ❖ 勤于反思 ❖ 健全人格 ❖ 自我管理	❖ 创造性地思考 ❖ 与他人一起创造性地工作 ❖ 沟通与合作 ❖ 管理目标和时间 ❖ 独立地工作 ❖ 与他人有效相处
❖ 能够有效使用与评价技术和媒体信息、创造信息与媒体产品。	❖ 信息意识	❖ 获取和评价信息 ❖ 使用和管理信息 ❖ 分析媒体 ❖ 创造媒体产品 ❖ 有效地使用技术
❖ 能够严谨求实、尊重差异、适应变化、愿意承担促进可持续发展的社会责任感。	❖ 人文情怀 ❖ 珍爱生命 ❖ 社会责任 ❖ 国家认同	❖ 适应变化 ❖ 具有灵活性 ❖ 在不同团队有效工作

2.1.4　STEM+课程教学目标设计

教学目标是课程目标的具体化，进一步描述了每次教学活动的目的，是判断教学方法是否有效、教学预期成效是否实现的标准。明确的、具体的、可测量的教学目标是进行有效教学的重要前提，这对于 STEM+课程同样适用。

本书采用"逆向教学设计"（Wiggins & McTighe，2005）的方法对 STEM+课程的教学目标进行设计。首先，根据 STEM+课程目标、整合的学科课程标准等确定学习者将要完成的学习任务和预期学习水平，学习任务包括概念、原理和技能等知识，学习水平规定了学习者对学习任务中各项内容的掌握程度。其次，根据学习任务设计达到每一个预期学习水平的具体教学策略。再次，根据布鲁姆认知领域目标分类法（Bloom et al.，1956；Anderson and Krathwohl，2001）拟定明确而具体的教学目标文字表述。最后，制定测量和检验预期学习水平达成的标准、方法或途径。

根据布鲁姆认知领域目标分类法，认知过程从简单到复杂、从低层到高层发展，分为知道（对信息的回忆或识别）、领会（理解信息材料的含义）、应用（不同环境之间的转换）、分析（确定组成部分及其关联程度）、综合（将各部分合成新的整体）、评价（根据标准判定价值或用处）六个层级（Bloom et al.，1956；Anderson and Krathwohl，2001）。前三个层级属于简单、低阶的思维过程，在行为上表现为复述、记忆和反复练习，以习得和巩固知识为目标，是创新创造的储备阶段。后三个层级属于复杂、高阶的思维过程，在行为上表现为计划、组织、反思、深度分析以及在不同情景中的综合运用，是批判性思维、创造性思维和迁移技能等关键能力与核心素养的发展阶段。仅限于低阶思维的训练，诸如让学习者重复已有知识和技能，是无法发展高阶思维技能的，更谈不上创新创造；而一味追求高阶思维培养、忽视低阶思维运用，教学则将是无源之水，无本之木。

本书呈现的 STEM+课程定位突出"重视基础知识、提升关键能力、培养核心素养"，因此，每个 STEM+主题的教学目标都从学科知识、思维技能与核心素养三个层面做了清楚的描述，读者可以在"项目内容介绍"模块中了解到每个 STEM+主题项目的教学目标，还可以在"教学目标设计解析"模块中了解到这些教学目标与 STEM+课程目标的支撑关系等问题，进而对本书的 STEM+课程有一个更深入、更全面的认识。

2.2 STEM+课程主题与内容设计

2.2.1 核心课程与跨学科主题

随着社会变迁，STEM教育与时俱进，内涵不断丰富，在强调科学、技术、工程和数学四门学科整合的STEM课程基础上，又出现了重视文理交融的STEAM课程、突出阅读能力的STREAM课程以及满足个性化需求而"包罗万象"的STEM+课程。"STEM"发展出多样化的课程形式可能与两个因素有关，其一，STEM教育秉承学习与真实世界紧密联系的原则。真实世界的问题纷繁复杂，解决这些问题需要不同学科的知识，而全球化趋势加剧了现实问题的复杂程度，需要学生运用除科学、技术、工程和数学以外更多学科的知识寻找问题解决办法；其二，科学技术的发展提高了人类认识世界、改造世界的能力，人类对客观世界认知的知识也在急剧增长，催生了许多分支学科和新型交叉学科。因此，"STEM"突破了原有的四门核心学科，在学科组合方面更加多元化。

美国21世纪学习框架指出，学校教育的主要目的不再是评价学生记住了多少知识，而是更加重视核心课程的学习与关键能力的养成。在科学、技术、工程和数学课程的核心地位基础上，根据全球化的现实需要，21世纪学习框架新增了七门核心课程，即英语阅读与语言艺术（English, reading, or language arts）、世界语言（World languages）、艺术（Arts）、经济（Economics）、地理（Geography）、历史（History）、政府与公民（Government and Civics），并强调为了使学生能够更好地理解学术知识、养成关键能力，有必要在核心课程中编入跨学科主题，跨学科主题应当包括全球意识（global awareness）、财经素养（financial, economic, business, and entrepreneurial literacy）、公民素养（civic literacy）、健康素养（health literacy）和环境素养（environmental literacy）（Partnership for 21st Century Skills，2019）。

重视核心课程的整合与跨学科主题的融合是"STEM"设计的重点，在"STEM"的各种课程形式中可以窥见。美国洛克希德·马丁公司（LOCKHEED MARTIN）

开发了一系列 STEM 课程，以"火箭能否发射？（Launch Control Challenge：Go or No-Go?）"课程为例，该课程整合地球与空间科学、工程设计、科学技术三个领域的内容，围绕解决火箭能否发射的问题，学生将要收集数据、开发和使用模型、分析测试数据、设计和评价方案、开展试验和测量、使用符号和专业术语、运用技术进行表达（课程内容详见"Launch Control Challenge：Go or No-Go? Retrieved from http：//www.lockheedmartin.com/us/who-we-are/community/education.html"）。在现实世界中，影响火箭发射的因素非常多，譬如地球的天气条件、火箭的状态、宇宙空间的情况以及一些突发事件和状况等，要做出火箭发射与否的决定需要气象专家、火箭研发专家、宇宙空间科学家等不同学科的专业团队合作完成，因此，"火箭能否发射"是一个典型的跨学科项目。将该项目涉及的四门学科与美国 21 世纪学习框架的九门核心课程做对比，可以发现，其核心课程是科学和地理，这一点在项目的课程标准和学习目标中均得以体现。为了促进学生深入理解核心课程的知识，该项目还融入了 21 世纪学习框架中体现"环境素养"的跨学科主题。

资　　料

美国洛克希德·马丁公司（LOCKHEED MARTIN）是美国国家航空航天局（The National Aeronautics and Space Administration，NASA）的重要合作伙伴之一，双方签约设计和建造了"猎户座"太空船，用于将宇航员送至深层空间，并安全返回地球。2014 年 12 月，"猎户座"太空船首次无人试飞成功。"猎户座"太空船的第二次任务将载 4 名宇航员进入顺式月球轨道。有关 2014 年"猎户座"太空船发射的视频可查阅网址观看。

洛克希德·马丁公司开发了 STEM 课程系列，并为教师提供教学资源，包括教学所需的 PPT［版权归"发现教育（DISCOVERY EDUCATION）"所有］、相关视频、教师教学辅助资料、便携式电脑、LCD 投影仪、互动白板。

资料

"火箭能否发射?"课程(Launch Control Challenge: Go or No-Go? Retrieved from http://www.lockheedmartin.com/us/who-we-are/community/education.html):

● **课程标准**

✓ 《下一代科学标准》(*Next Generation Science Standards*)

MS-ESS2-5:收集数据证明气团的移动和复杂的相互作用是如何导致天气状况改变的。

MS-ESS2-6:开发并使用模型来描述受热不均和地球转动是如何影响大气循环和洋流循环的,这种影响如何区域的气候。

MS-ETS:分析测试数据,找出不同设计方案的异同,明确每种方案的优点,并将这些优点整合到新的解决方案中,以便更好地满足成功的标准。

✓ 《共同核心标准与英语艺术标准》(*Common Core State Standards and English Language Arts Standards*)

RST.6-8.3:进行实验、测量或者执行技术任务时,能够精确遵循一个多步骤的程序。

RST.6-8.4:在与6—8年级文本和主题有关的具体科学或技术情境下能够确定出现的符号、关键术语以及其他特定领域的单词和词组的含义。

RST.6-8.7:能够将语言表达的量化信息或技术信息整合在文本中,用可视化的形式(如流程图、示意图、模型、曲线图或表格)表达。

● **学习目标**

✓ 识别和描述构成天气的诸因素包括温度、气压、湿度、降水、风力的条件。

✓ 描述由高压进入低压的气团如何影响天气。

✓ 理解天气可被预测的概率范围。

✓ 解释天气预测和实际条件如何影响人类活动。

> ✓ 论证如何使用卫星数据进行天气预测和监测天气事件。
> ● **教学方法**
> ✓ 数字化教学
> ✓ "5E"教学模式，即导入（Engage），探究（Explore），解释（Explain），迁移（Elaborate），评价（Evaluate）。

资　料

美国21世纪学习框架中的"环境素养（Environmental Literacy）"跨学科主题是指：

- 能够阐述有关环境的知识，理解环境及其影响的条件因素，尤其是有关大气、气候、土地、食物、能源、水资源和生态系统的知识。
- 能够阐述和理解有关社会对自然环境影响的知识，例如人口增长、人口发展、资源消耗速率等。
- 调查和分析环境问题，并对有效解决途径做出准确结论。
- 采取个人和集体行动应对环境挑战，例如参加全球行动、设计方案鼓励在环境问题上采取行动。

除了重视核心课程的整合与跨学科主题的融合外，STEM教育的显著特征之一是真实性。在"火箭能否发射？"的STEM课程中，学生要解决的问题是真实存在的，分析和测试的数据来自火箭发射的真实数据，尽管学生无法实际执行火箭发射的命令，但是课程提供了火箭发射任务的实况视频帮助学生了解火箭发射的真实情境，提供的模拟发射视频为学生创设了发射进入倒计时的情境，并让学生观看自己制定决策的结果。STEM的主题是否真实以及主题与现实世界关联的程度不仅会影响STEM中跨学科课程的整合及其深度，还会影响学习者体验的真实性。有鉴于此，本书在设计STEM+课程时，一方面借鉴了美国21世纪学习框架中的核心课程以及跨学科主题对关键能力和素养的要求，一方面从我国实际出发，综合考虑我国学校教育的特点和育人特色、特定学段的学习者特征和个体需求，从现实世界中筛选一些贴近学习者生活经验的主题。

2.2.2　STEM+课程主题设计的依据

在进行STEM+课程主题设计时，笔者认为需要考虑至少三个方面的问题，其一是主题的设计应当与学校教育相关联，即对学习者的学习有意义；其二是主题的设计应当与真实世界相联系，即对学习者而言主题具有现实意义；其三是主题的设计应当具有时代性，即对学习者的成长具有指导意义。包含这三个意义或者说具有这三方面价值的主题可能并不少，本书对STEM+课程主题的设计则是从一个故事开始的，请读者先来看一看这个故事吧。

大约250万年前，人类开始在东非演化。从生物学的角度看，人类与其他生物物种一样，都是生命进化树上的一片小枝叶，没有什么特别之处。但是距今7万年前，智人（Homo sapiens）再次走出非洲，所到之处，其他人种相继灭绝，距今1.3万年前，绰号为"霍比特人"的小矮人，即弗洛里斯人（Homo floresiensis）也绝种了，智人成了地球上唯一存活的人种。伴随着认知革命和技术革命，人类开始扩张领地，征服其他物种，改造自然环境。时至今日，人类这个物种还常常以"胜利者"的姿态傲视于世。然而，人类终究是寄栖于地球的一个物种，无论语言发展多么丰富，科技创新多么迅速，社会结构多么复杂，人类始终离不开地球所供给的自然资源，摆脱不了与其他物种（尤其是病原生物）的联系。

我们究竟该如何保护人类的文明和支撑人类存在的基础呢？这一哲学问题正是本书中STEM+课程主题设计的来源。笔者从人类与自然的关系、人类与疾病的抗衡两个方面出发，设计了两个STEM+系列课程，即"生态文明建设：守卫家园""流行病与大数据：与时间赛跑"。在每个系列中，各个主题的设计依据如下所示。

2.2.2.1　"生态文明建设：守卫家园"系列

远古人类过着采集狩猎的生活，大约在距今1.2万年前，智人开始投身于"农业革命"，成功驯化了越来越多的动植物。18世纪中叶，机器的发明和使用拉开了"工业革命"的序幕。短短200年间，人类仰仗科技革命拥有了更多的可用资源，如电力、新能源，人类社会发展达到鼎盛。人类称霸地球，却成为其他物种的梦魇，许多早于人类祖先南方古猿就出现的动植物物种大规模灭绝，人类建造的帝国使自然环境发生了翻天覆地的变化，森林锐减、沼泽枯竭、河流改道、土地污染。随着全球化不断加剧，气候变暖、海平面上升、生物多样性降低。生态危机提醒人类，必须放弃"霸主"地位，回归生态系统，才能延续人类福祉。从人类发展的历程看，认识自然、认识生物与非生物环境之间的相互作用、认识生物物种之间的相互作用以及认识人类活动对这些相互作用的影响与人类生存发展息息相关，对任何时代的人类而言，这些知识无疑都是最有价值的知识。

近几十年来，全球环境治理取得了一定成效，人类开始意识到继农耕文明、工业文明之后的生态文明将成为人类可持续发展的良方。生态文明建设主要包括生态资源优化与开发、生态环境修复与保护、生态文明制度建设，这些内容涉及的学科众多，是非常好的跨学科主题素材。譬如，生态资源的开发与生态学、经济学相关，生态环境修复离不开生物学、化学、环境工程、物理学和数学，生态文明制度建设还涉及历史学、政治学、教育学等。"生态文明建设：守卫家园"系列的STEM+课程就是从"生态环境修复与保护"领域中挖掘主题。

在我国，荒漠化、石漠化、水土流失是生态环境修复和综合治理的重大问题，具有现实意义。其中，水土流失现象在黄河、长江流域乃至全国其他流域普遍存在，相比于荒漠化和石漠化，水土流失现象更为学习者所熟知，与学习者的生活经验有联系，因此，选择水土流失这一真实世界的生态环境问题进行主题设计。对于水土流失问题，科学家和工程师会从不同的角度进行研究，譬如，他们会关心水土流失现象的原因，包括直接原因和间接原因，会探索水土流失现象中的关键测量指标，进行建模、计算和推演，一方面重现历史，一方面预测未来，从而针对现状提出因地制宜的水土保持措施。循此思路，本书充分考虑了学校教育教学的情况（如教材知识的深度与广度、相关学科教学内容的先行后续关系、学校教学活动实施的可行性等），设计出三个主题，即（1）影响水土流失的非生物因素（见3.2"水土流失"项目），（2）生物（本书中指植物）在水土流失过程中的作用（见3.3"植物的威力"项目），（3）物种之间的相互作用（见3.4"餐桌上的奇遇"项目）。通过对这三个主题的学习，"生态文明建设：守卫家园"系列的STEM+课程引导学习者认识自然、认识生物与非生物环境之间的相互作用、认识生物物种之间的相互作用、认识人类活动对这些相互作用的影响，最后从生态系统的角度理解人与自然是生命共同体思想的内涵和重要性。

2.2.2.2 "流行病与大数据：与时间赛跑"系列

在与人类关系密切的众多物种里，有一类生物是我们不得不时刻警惕和防备的，那就是病原生物。相比于远古的狩猎采集者，在农业社会和工业社会中，人类的传染病发生大大增多，这主要是由于人口数量增加、密度增大，人员流动频繁，人类与驯养的禽畜接触密切，这些条件为传染病的大流行（即流行病）提供了机会。2019年年末爆发的新冠肺炎再度使"传染病"和"流行病"进入民众视野。人类的生存发展史是一部与病原生物抗争的战斗史，一面是病原生物肆虐生灵，一面是人类利用病原生物与之抗衡。人类究竟如何保护自己才能避免被病原生物所吞噬？这个问题对于每个人都有十分重大的现实意义。

目前，对传染病和流行病的研究主要围绕三个方向，其一是从病灶上分离和鉴定病原生物，其二是根据患病者的行为和环境条件寻找病原生物的传播途径，其三是在前两步的基础上探索有效的预防和防治手段，如研发疫苗、建立疾病预防和防控体系等。加之，科学技术的飞速发展使科学家研究流行病如虎添翼，生物信息技术、分子生物学技术、基因工程技术和大数据技术等先进的技术应用于流行病监测、疫苗研制领域，大大提升了研究工作的质量和效率。考虑到项目学习操作必须确保安全性，同时体现学科领域发展的前沿性等因素，笔者从第二和第三个方向中筛选主题。

传染病和流行病不仅仅是围绕病原生物开展研究和探索，也涉及经济发展（如贸易往来和人口流动加剧疾病的传播）、文化历史（如社会公共卫生系统的建设）、国家制度（如国家对传染病和流行病的预警控制）等方面。所以，在防控传染病和流行病时，人类需要考虑不同领域的因素，协调不同利益相关群体的立场，无论是决策制定者还是普通民众，都需要具备数据意识和媒体素养，以便能够在海量的数据中挖掘有价值的信息，能够对传媒消息做出科学和合理的判断，这对于全体社会成员积极地、迅速地投入传染病和流行病的防控至关重要。为此，这个系列的STEM+课程重视基于传染病和流行病的项目学习实施数据意识和媒体素养的培养。

鉴于上述分析，笔者对主题进行凝练，提出三个问题，即如何追踪患病者从而及时掌握传染病和流行病的发展态势？如何对患病人群进行监测以便及时判断疾病的发展程度？如何设计有效的疫苗以期迅速控制传染病和流行病的传播？这个系列的课程整合了科学家的工作流程与技术，融入工程设计要素，加强数据意识和媒体素养的培养，确定了相关主题，具体为：（1）围绕病原生物的传播途径和人口流动特点编制了"追踪 COVID-19 的踪迹"主题，（2）围绕传染病和流行病的监测流程开发了"流感疫情监测"主题，（3）围绕疫苗设计的流程编制了"人类的保护伞"主题。通过这三个主题的探索学习，学习者可以收获有关传染病和流行病的多学科知识，能够体验到科学家在流行病研究中的工作方式，感受到技术（如生物信息学技术、基因工程技术、计算机信息技术）的发展和使用给人类生活和工作带来的影响，在探究活动中还可以体验不同职业岗位的工作，感悟个人与社会的关联和对社会的贡献。

2.2.3 STEM+课程教学内容设计

2.2.3.1 教学内容的来源

教学内容是课程目标落实的载体，是课程实施的引擎。在我国，各学科的课程标准为分科教学提供了明确的课程教学理念、课程结构、课程内容以及各年级学习者应当达到的水平等重要信息。STEM+课程是在分科课程的基础上进行跨学科与综合，各科的课程标准同样适用于STEM+课程，借鉴分科课程标准，有利于促进STEM+课程的学习与学校教学的联系。

教学内容是国家、地方教育目的和育人理念的载体。国家和地方的教育政策和文件、一些从事课程改革与发展的组织、机构的研究成果都是STEM+课程教学内容设计的重要参考。此外，学科发展的一般规律、科学研究前沿进展也可以作为STEM+课程教学内容的重要来源。譬如，在章节3.4"餐桌上的奇遇"主题中，笔者在教学内容中编入了我国生物入侵机制研究的诸多成果，新千年生态系统评估对生态系统服务功能的分类（这是目前世界各国对生态系统服务价值评估的基础），近年来科学家展开的生物多样性评估方法的"南北争论"，还展示了关于中国让世界更绿的2000—2017年MODIS遥感数据研究；在章节4.3"流感疫情监测"主题中，书中提供了中国和美国流感监测的真实数据，让学习者在分析真实数据的过程中理解现实问题，从而达到学习目标；在章节4.4"人类的保护伞"主题中，介绍了当前疫苗设计的新技术，包括抗原表位识别分析与预测、计算机辅助疫苗设计技术、反向疫苗学技术，介绍了疫苗研发领域开发的计算机软件，向学习者传递了人类孜孜不倦探索生命的信息。

2.2.3.2 教学内容的知识类型

教学内容是课程的灵魂。与传统的分科课程不同，STEM+课程的核心特征是跨学科，其具体过程表现为学习者能够从复杂的现象中理解和识别问题本质，运用多学科的知识进行批判性和创新性思考，并作出科学决策以应对和解决实际问题。

那么，STEM+课程教学内容究竟是探寻问题的解决方法？还是借助实际问题传授知识？本书给出的答案是：二者皆有。知识的学习与积累是解决问题、创新创造的基础，因此，在STEM+课程中，尤其不能忽略知识的学习与积累。

从学科门类的角度看，当今学校教授的知识可以分为文化（如识字、计算）、艺术（如绘画、欣赏音乐作品）、社交（如参与活动、合作）、学习策略（如阅读）、认知行为技能（如控制情绪、解决人际矛盾）、生存技能（如烹饪、保健、运动、预算）、职业技能（如写作、修理汽车）、技术技能（如电焊、打字）。从知识类型角度看，各门类学科中的知识都可以归入陈述性知识或程序性知识。陈述性知识包括事实、概念和原理，是对事物的了解；程序性知识主要是指处理和解决问题的过程和程序，简言之，即如何做事情。STEM+课程整合了不同门类的学科，但是其所涉及的知识也不外乎陈述性知识和程序性知识这两种。以本书章节3.2"水土流失"主题为例，教学内容之一是让学习者搭建实物模型测算水土流失的速率，要完成这个任务，学习者必须准确了解水土流失的概念、速率的概念以及相关原理和计算公式，其中，水土流失的概念、速率的概念、原理和公式都属于陈述性知识，而"如何测算"则属于程序性知识。可见，预先确定学习者需要习得和使用的知识类型是非常重要的，这也是组织教学内容的关键环节之一。

笔者在实践探索的基础上，总结教学经验，开发了STEM+课程设计的"四步曲"，如图2-3所示，具体步骤如下：

第一步，根据STEM+课程目标从现实世界中筛选自然现象和社

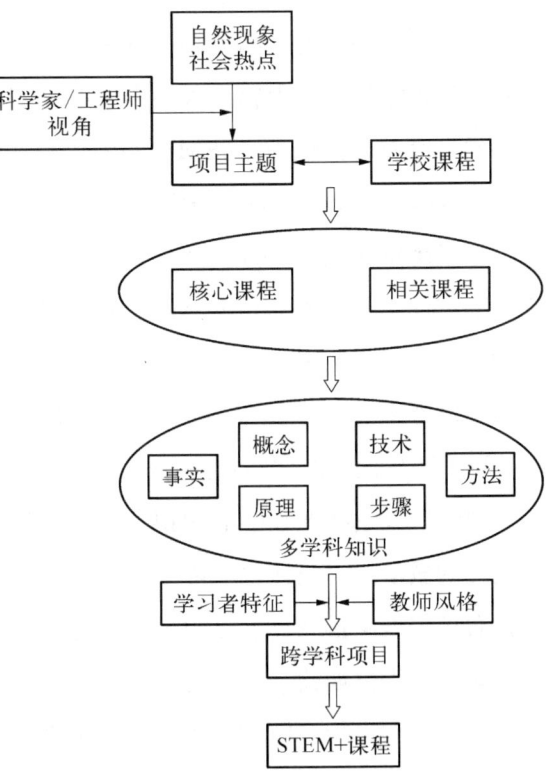

图2-3 STEM+课程设计流程图（改编自李慧和张民选，2019）

会热点问题，再从科学家或工程师的视角对现象和问题进行分析，确定 STEM＋课程的主题。这个步骤突出主题的选择来源于现实世界，问题具有真实性，即符合 STEM 教育的"问题具有真实性"的特征。

第二步，解析出能够支撑主题的核心课程和相关课程，将主题与学校教学建立关联。以第 3 章的"水土流失"主题为例，参照 21 世纪学习框架寻找主题所对应的核心课程，发现包括数学、科学、地理，然后将这些核心课程与我国学校分科的课程进行关联，分别对应于我国中小学课程中的数学、科学和地理。然后，再根据主题内容寻找相关课程，如生态学、物理学。在 STEM＋课程中，主题处于上位、较为宏观，根据主题可以设计出不同的、具体的问题和项目学习内容，因此会产生主题相同或相近，但核心课程和相关课程不同的情况。这一步将 STEM＋课程与学校的分科课程建立起了联系。

第三步，围绕主题，从不同学科中梳理出有关的陈述性知识和程序性知识，再结合学校教学的先行后续关系，以知识点建构起学科间的联结，之后根据 STEM＋课程的目标组织教学内容。这一步骤中的不同类型知识梳理与教学内容组织则是跨学科的深度整合，也是 STEM＋课程"跨学科"属性的重要体现。

第四步，将教师风格、学习者特征、计算机信息技术、教学环境等要素融入主题，形成跨学科项目，若干个相关的跨学科项目组建成一个 STEM＋课程。

上述四个步骤并不是截然分开的，比如，第二步和第三步往往可以同时进行，教师在开始设计课程时就不可避免地把自己的风格融入主题和学习内容的选择中。前言中笔者提出了"如何将 STEM 教育与现有的学校教育保持连贯性"的问题，STEM＋课程设计的"四步曲"给出了回应，通过 STEM＋课程的主题、核心课程、相关课程以及这些课程中的知识点，将 STEM 教育与学校课程体系建立起了关联，在主题的教学内容设计中，遵循学校教育规律，比如依据学校课程所教授的知识的先行后续关系编排项目学习的内容，更进一步促进了 STEM 教育与学校教育之间保持连贯性。不仅如此，以主题为中心，以核心课程和相关课程的知识点搭建起来的学习内容框架也为 STEM 教育融入常规课堂的教学奠定了基础。

2.3 STEM+课程教学与学习方式设计

2.3.1 STEM教育常用的教学与学习方式

STEM教育的属性是跨学科，其特征之一是解决问题和学习情景具有真实性。在真实的情景中围绕真实的问题开展跨学科教学是实施STEM教育的关键，也是培养学生核心能力和STEM素养的必要条件。围绕着如何创造"跨学科"和"真实性"，各国都在努力探索着。譬如，中国发布的《中小学综合实践活动课程指导纲要》中明确指出，教师要在活动实施中创设真实的情景，为学生提供亲身经历与现场体验的机会（中华人民共和国教育部，2017）。美国在21世纪学习框架中设计了"标准与评价（standards and assessments）""课程与教学（curriculum and instruction）""专业发展（professional development）""学习环境（learning environments）"四个支持系统促进学习，其中，"标准与评价"里指出要为学生提供真实的数据、真实的工具和专家资源；"课程与教学"支持系统建议使用具有创新性的学习方法，包括基于探究的学习方法、基于问题的学习方法，以及使用高阶思维技能，对21世纪技能的培养应当置于关键主题和21世纪跨学科主题的情景中，为学生提供在不同内容领域使用21世纪技能的机会和基于能力的学习机会；在"专业发展"系统中，还特别提到教师要用好直接教学法（direct instruction）和面向项目的教学方法（Project-oriented teaching methods）（Partnership for 21st Century Skills，2019）。

教育领域的研究学者们分别从教师的教学设计和学习者的学习方式两个角度提出了跨学科教学（interdisciplinary teaching）和跨学科学习（interdisciplinary learning），前者主要是指以一个学科为中心，从中选择一个中心题目，围绕这个中心题目运用不同学科的知识，对所指向的题目进行加工和设计教学（杜惠洁和舒尔茨，2005），后者则指学习者整合信息、数据、技术、工具观点、概念，以及来自两个或更多学科的理论进行产品制作、现象解释、问题解决的过程（Brassler & Dettmers，2017）。这两个概念为STEM课程的教学提供了理论指引，在具体实践中，仍需要设计更为详细的教学与学习方式。目前，STEM教育中常用的教学与学习方式主要有基于问题的学习方式（Problem-based Learning）、基于项目的学习方式（Project-based Learning）和探究性学习方式（Hands-on Inquiry Based Learning）。

基于问题的学习方式（Problem-based Learning，简写为PBL）是指课程开发和教学系统以学习者制定出问题解决策略、掌握学科知识基础和技能为目标，在教学过程中，学习者主动解决那些能够反映真实世界情景且结构不良的问题（Finkle & Torp，1995）。基于问题的学习过程由八个主要环节组成，即（1）澄清概念，（2）定义问题，（3）头脑风暴，（4）将问题结构化，（5）提出学习目标，（6）自学，（7）带着学习成果进行讨论，（8）提出整合后的小组观点。从这个过程可以看出，基于问题的学习方式包含两层含义，一方面是学习者能够说明自己解决问题的方案，另一方面是学习者能够论证所提出的解决方案针对项目要求的适用性，即问题解决的过程。通常，每个基于问题的学习项目仅能聚焦于解决一个问题，在这个问题框架下，学习者自己讨论并定义一个更为具体的问题来推动学习。在一个学期里，往往可以围绕多个问题开展多次基于问题的学习。目前，加拿大中小学广泛采用基于问题的学习方式（Problem-based Learning）开展科学教育和STEM教育，并且在提升问题的综合性与开发地方境脉的教学资源方面积极寻找突破口（陈晓慧等，2019）。

基于项目的学习方式（Project-based Learning，在本书中，简写为PJBL，用以区分基于问题的学习方式PBL）产生于医学院的学习项目，旨在用真实的案例激发学习者的积极性（Barrows & Tamblyn，1980）。最初，由威廉·赫德·克伯屈（William Heard Kilpatrick）将其作为一种项目方法引进到教育学中，用以引导学生投入到有目的的活动中（Kilpatrick，1921）。后来，布鲁门菲尔德（Phyllis C. Blumenfeld）进一步发展了基于项目的学习方式。基于项目的学习方式是指学习者围绕着给定的真实问题开展活动，最终产出产品（Blumenfeld et al.，1991）。基于项目的学习并不像基于问题的学习那样有清晰的环节。在基于项目的学习中，其过程可以简单地划分为分析任务、调查和解决问题三个主要步骤。与基于问题的学习的其他区别之处在于，基于项目的学习始于给定的任务，以真实的产品产出而告终，并基于产品进行学习评价；尽管基于项目的学习只有一个项目，但项目中常常包含若干个问题，只有将这些问题各个突破，才能完成项目学习并获得质量良好的产品；问题的解决策略可以是实际的，也可以是理论性的；最终，学习者将根据问题解决的过程和对知识的掌握情况接受来自多元主体的评价。譬如，英国的 STEM 项目 "LAND ROVER 4×4 IN SCHOOLS"（http：//www.4x4inschools.co.uk/index.phtml?d=397817）以项目学习的方式开展，包括研究项目（research the project）、设计车辆（design a vehicle）、制造车辆（manufacture the vehicle）、测试和评估车辆（test and evaluate the vehicle）四个过程，每个过程都会有各种各样的问题出现，例如，车身外壳的设计、传动系和车轮材料的选择、自动车辆编码设计等，学习者需要逐个解决这些问题才能制造出具有竞争力的车辆产品。

探究性学习（Hands-on Inquiry Based Learning）是学习者以类似科学家做研究的方式进行学习的过程，是指学习者围绕生活中的某些问题开展探究学习，主要过程包括启发（Open）、浸入（Immerse）、探索（Explore）、识别（Identify）、积累（Gather）、创造（Create）、分享（Share）和评价（Evaluate）八个环节（Kuhlthau et al., 2012；Maniotes & Kuhlthau, 2014）。启发环节的目的是引出探究的话题（Topic）；在浸入环节，教师帮助学习者构建与探究话题有关的知识体系；探索环节是学习者独立搜集资料、寻找探究问题（Inquiry Question）的过程；在识别环节，学习者自主将浸入环节构建的知识与探索环节获取的资料建立联系，并独立提出具体的探究问题；积累环节即有目的地收集资料、整理数据，解决探究问题的过程；在创造环节，学习者阐述自己探究的问题和结论，设计展示探究过程的方式；分享环节是公开展示探究成果的过程，可以在不同的群体中分享，例如，在班级内、在校内，甚至在校外；评价环节由学习小组评价、学习者互评和自我反思构成。在探究性学习过程中，"探索""识别"和"积累"三个环节构成了学习者独立"做研究"的过程，这也是探究性学习的核心（李慧等，2015）。探究性学习方式允许学习者"失败"，鼓励学习者动手实践和反复的探索，在教学实践中，探究性学习方式较多地被用于科学和数学学科中。

2.3.2 STEM+课程教学设计与活动设计

常见的课堂教学形式分为讲授式、问题探究式、训练与实践等，大体上，这些形式都可以归为"教学"和"活动"两种类型（普赖斯和纳尔逊，2016）。这里的"教学"不是指广泛意义上的教师的教与学习者的学，而是特指一种方式，依赖教师讲解特定的知识和技能从而达到课堂教学的目标，诸如理解某个概念、原理，熟练操作某个实验步骤等，在教学结束后，教师还会设计练习题、作业等方式评价学习者达成目标的程度。"活动"可以发生在课程进展的任何阶段，是以教师为主导、学习者为主体的学习过程，用于激发学习者的学习兴趣，或者提供机会帮助学习者开展练习、实施探究，牢固掌握所学的知识，提升归纳、演绎与合作等技能，活动目标可以在短期达成，比如通过一个游戏来实现激发学生兴趣的目的，也可能需要较长的时间，比如持续一周的实验，来完成一个探究。由此可见，"教学"与"活动"都是课堂实施的独立方式，"活动"还可以作为"教学"的一部分；"教学"和"活动"均可以应用于STEM课程；"教学"和"活动"的设计也都需要与教学目标保持一致，但是教学设计与活动设计在实施目的、流程以及师生角色和地位等方面存在显著的不同。表2-2展示了教学设计与活动设计的框架和要素。

表2-2 教学设计与活动设计的对比

教学设计		活动设计	
框架	关键步骤	关键步骤	框架
预设	❖ 分析课程目标与教学目标 ❖ 分析教学内容 ❖ 选择教学模式	❖ 分析课程目标与教学目标 ❖ 描述活动目标 ❖ 描述活动内容 ❖ 描述活动依据	预设
导课	❖ 激发兴趣 ❖ 引起关注/设疑	❖ 激发兴趣 ❖ 引起关注/设疑	活动开端
主体	❖ 选择教学策略 ❖ 选择练习策略 ❖ 检查学习情况	❖ 描述驱动活动的所有问题 ❖ 描述组织学生活动的步骤和策略	活动过程
练习	❖ 描述拓展练习内容 ❖ 描述练习时间		

续表

教 学 设 计		活 动 设 计	
框 架	关 键 步 骤	关 键 步 骤	框 架
结课	❖ 选择结课策略 ❖ 总结教学要点	❖ 描述活动结束的方式 ❖ 描述活动的评价内容和方式	活动结尾
评价	❖ 描述评价内容 ❖ 描述评价时间和方式		

　　STEM课程的教学既重视跨学科等能力的培养，也重视各学科知识的习得。从能力的角度看，STEM课程所应用到的能力包括思维能力（如批判性思维和创造性思维）和实操能力（如沟通、讨论、写作）；从知识的角度看，STEM课程涉及的知识包含陈述性知识和程序性知识。能力与知识密切联系，能力是掌握知识的前提，也决定着知识积累的水平，而知识制约着能力的发展和能力应用的效果。在课堂教学中，能力的养成与知识的学习是耦合的、相互影响的。

　　为了实现能力和知识的教学目标，本书所列的STEM+课程均采用嵌套的方式对教学与学习方式进行设计。具体如下：首先，根据STEM+课程的目标和教学目标来确定使用教学设计框架或是活动设计框架；其次，在教学设计框架或者活动设计框架下选择要嵌套的教学与学习方式，如知识呈现教学模式、引导发现式教学模式、基于问题的学习方式、基于项目的学习方式、探究性学习方式等，嵌入的教学与学习方式的类型主要依据项目主题的类型、涉及的知识和能力类型而定；最后，充分考量学生、教师、教学环境等要素后，对嵌入的教学与学习方式进行优化，譬如，在基于项目的学习方式中融入基于问题的学习方式的八个环节，从而在项目学习的过程能够加强学生对跨学科概念等知识的深刻理解，而不至于项目学习过度关注产品的产出。

　　"STEM"以科学、技术、工程和数学等核心课程为基础，突出跨学科，主题内容丰富，项目的形式和教学与学习方式的设计也是多样化的。本书的"生态文明建设：守卫家园"系列STEM+课程中，"水土流失"主题项目采用了活动设计和探究性学习模式；"植物的威力"主题项目采用教学设计和引导发现式教学模式，同时引入了探究性学习方式中的探索与辨识环节、积累与创造环节、分享与评价环节三个环节（李慧等，2015）；"餐桌上的奇遇"主题项目采用教学设计和知识呈现教学模式，融入了游戏等活动设计。"流行病与大数据：与时间赛跑"系列STEM+课程中，"追踪COVID-19的踪迹"主题项目采用了活动设计和基于问题的学习方式；"流感疫情监测"主题项目采用教学设计和基于项目的学习方式，并融合了基于问题的学习方式的主要环节；"人类的保护伞"主题项目则分为两个阶段教学，第一个阶段采用教学设计和知识呈现教学模式，第二阶段采用探究性学习方式。

前言中笔者提出的第二个问题是STEM教育如何融入常规的课堂教学，本节的内容可以对此做出部分回应。纵观国际经验，STEM教育所采用的教学与学习方式并不是新鲜事物，这些教学与学习方式不是凭空产生的，而是从常规的课堂的教学中发展起来的，从教学与学习方式产生的来源和过程这个角度推断，STEM教育具备融入常规课堂的条件，因此，将STEM教育的先进理念和优势融入常规课堂，可以从教学与学习的方式上寻找突破口。

2.3.3 STEM+课程的评价设计

课程评价是对教学目标、课程目标、学校培养目标和国家教育目的达成情况的核查，能够为改进教学和优化课程、制定教育政策提供决策依据（李慧和张民选，2019）。课程评价同样适用于 STEM 教育，也是"STEM"诸多形式的课程实施的一个重要环节。本书中的 STEM+课程包含七项课程目标，指向中国学生发展核心素养（见第 2 章表 2-1），即核心素养的落实由 STEM+课程目标达成来支撑。本书中的 STEM+课程包含两个系列，每个系列又由三个主题项目构成，每个主题项目都设有明确的教学目标，这些教学目标能够部分地或全部地支撑课程目标，而且，处于一个系列中的三个主题项目的所有教学目标能够覆盖完整的课程目标。因此，评价 STEM+课程目标的达成情况通过评价每个主题项目教学目标的落实情况是可以实现的。

以文字为载体的教学目标是主题项目具体实施的指引。在项目实施的过程中，这些教学目标经过拆解后融入学习者的具体信念、态度、行为和学习成果（如作品、设计方案）中，再通过学习者的表现而外显出来。这是评价得以实施的前提。为此，采取"举证"的思路，从学习者的信念、态度、行为和学习成果出发，在主题项目的学习中寻找证据，用以核查教学目标的达成情况。

评价工具的质量是影响课程评价的重要方面。21 世纪学习框架指出，学习者对 21 世纪技能的掌握情况通过使用高质量的标准测试和有效的形成性评价、总结性评价的方式来检查，此外，还应当针对学习者的表现给予有用的反馈，并且使用档案袋记录学习者的作品（Partnership for 21st Century Skills，2019）。21 世纪学习框架为 STEM 教育提供了一个良好的评价指南。考虑到 STEM+课程的主题项目评价具有针对性、便利性和时效性的特点，笔者就每个主题项目设计了一套评价工具，采用形成性评价和总结性评价。

在本书中，形成性评价以学习单上的"发现与反思"和"教师评语"两个版块为主要呈现形式。学习单编排了主题项目的所有活动，如头脑风暴、游戏、小组讨论、反思等，既发挥作业单的功能，也用以记录学习者学习的过程，发挥档案袋的作用。"发现与反思"版块要求学习者对其他同伴进行评价，写出评价理由，还需要记录自己的反思。在"教师评语"版块中，教师记录学习者的表现，然后从信念、态度、行为和学习成果等方面进行评价。

总结性评价由自我评量表、小组评价量表、作品评价量表以及项目评价量表组成。其中，自我评价量表用于学习者评价自己在跨学科问题解决过程中对学科知识的掌握和关键能力与核心素养的提升的情况，为反思学习和继续学习提供指引。每个主题项目都提供了学习者独立学习和小组合作学习的机会，而小组合作学习的质量、效率和融洽性等内容就是其他小组依据小组评价量表进行评价的。作为主题项目学习的成果，会有创意写作、微电影、人群监测活动、设计方案等，这些学习者个人创作的作品和小组制作的产品需要接受学习同伴、甚至更广泛的学习者群体和教师、专家的评价。自我评价、小组评价、作品评价通常在主题项目学习结束后进行。

除了对学习者、小组和作品的评价外，本书还设计了针对各个主题项目的评价工具，即项目评价量表。从项目真实性、与学校教育的关联性、学术严谨性、内容应用性和评价规范性等维度检验所设计的项目是否符合 STEM 教育的特征，是否有助于主题项目的教学目标和 STEM+课程目标的实现。项目评价量表的实施主体以设计主题项目的教师为主，通常在主题项目实施之前完成评价。

2.3.4　STEM+课程的教学与学习干预策略

"STEM"课程的学习具有很强的实践性，同时也有一定的风险性。这里的风险有两层含义，一个是实践的过程可能存在危险，一个是实践的结果可能没有达到教学的预期目标。对于后者，本书提供了一些措施推动项目实践朝着预期的教学目标方向行进，譬如，选择合适的教学与学习方式，在主题项目设计完成时进行项目设计评价，在项目学习过程中运用多样化的教学策略等。本节谈及的风险主要是指危险。如何平衡实践性与风险性（即危险性），使得"STEM"课程既能为学习者提供充分的冒险与探索的实践机会，同时又能最大限度地保障课堂安全，从而达成教学目标，需要教师采取一些干预策略。

在本书中，STEM+课程采用了面向全体学习者的通用性干预和针对个别学习者的选择性干预。通用性干预策略一般包括三方面内容。其一是教师通过自己实践操作，发现项目学习中存在的危险，制作安全提示，在课前或者实践活动之前告知学习者，在实践场所张贴安全提示标语；其二是教师在实践过程中做出的安全提示，例如，在"水土流失"主题项目中提醒同学们佩戴口罩和手套，穿着实验服，使用环刀和玻璃器皿时注意安全，在"追踪 COVID-19 的踪迹"主题项目中要求学习者在教室或实验室内有序走动，注意相互避让等；其三是教师编制安全承诺书，要求学习者认真阅读承诺书的内容，签订承诺协议，通过这种"契约"的形式，引导学习者警惕实践中潜在的危险，调动学习者自我管理，积极参与到课堂学习安全的建设与维护中。本书所列的六个主题项目均采用附录中的"STEM+课程主题项目学习安全承诺书"，在每个项目学习开始之前要求学习者阅读和签字，引导学习者注意项目学习中的安全隐患。选择性干预策略主要是教师为满足学习者个体安全等需求而采取的多样化策略，比如，在巡视小组合作学习时，对小组成员的实验操作进行指导，对发现的错误操作或不当行为进行及时纠正。

实 践 篇

第3章 生态文明建设：守卫家园

3.1 项目梗概

本章介绍的"生态文明建设：守卫家园"系列 STEM+课程，由"水土流失""植物的威力""餐桌上的奇遇"三个项目构成。通过项目学习，学习者能够理解生态系统的概念和生命共同体的内涵，掌握科学研究的基本步骤和工程设计的一般流程，能够从多角度思考人类、自然和社会之间的相互作用及其产生的复杂影响，运用创造性思维和批判性思维解决现实问题，提升阅读、写作技能和使用信息技术的能力，并且重视合作。

"水土流失"项目采用活动设计，运用探究性学习模式。本项目整合科学、生态学、地理、物理和数学。在探究活动中，学习者需要使用多学科的概念和技术解决实际问题，体验科学研究的过程，掌握测量、控制等科学研究的基本方法，增加对自然现象的兴趣。

"植物的威力"项目是"水土流失"项目的延伸，采用教学设计，运用引导发现式教学模式。项目整合了工程、生态学、科学、物理、数学。本项目为学习者创设了像工程师一样工作的机会和氛围，通过项目学习，学习者将掌握工程设计的一般流程，亲自发现和归纳出植物在水土保持中的作用机制，从而体验"发现"的乐趣，初步掌握"发现知识"的方法，实践从多角度分析和解决问题的技能。

"餐桌上的奇遇"项目采用教学设计，运用知识呈现教学模式。项目整合了生态学、技术、科学、艺术、经济学和社会学。本项目采用"一题两翼两核心"的架构设计，即以生物入侵事件为主题，由知识主线和活动主线交织并进来推动项目学习，最终落脚于生态系统观和生命共同体两个核心内容。在项目学习过程中，学习者将学习有关生态系统的概念，从跨学科的角度和不同利益相关者的视角审视人类、自然和社会之间的相互作用及其产生的多维度效应和综合影响，理解生态系统观和

"人与自然是生命共同体"的观念,并且在创意写作和创意微电影制作等课内外活动中运用创造性思维和批判性思维,提升阅读和写作技能、信息技术和艺术设计的能力,以及沟通与协作的能力,增强社会责任感。

3.2 水 土 流 失

3.2.1 项目内容介绍

- **项目主题的设计**

大自然是最好的课堂。水与土是重要的自然资源,也是我们每个人都最为熟悉的物质,与每个人的生活息息相关。"水土流失"现象为学习者所熟知,水土流失现象的产生既有自然原因,也有人为原因。选择"水土流失"项目作为本书实践部分的开篇项目,主要目的在于引导学习者观察大自然,从注意现象着手分析现象背后所隐藏的直接或间接原因。这个项目将引导学习者认识理解概念的重要性,学习从概念中寻找解决问题的办法,并初步体验科学研究的流程。本项目与后续的项目具有关联性,本项目的学习将为后续项目的学习奠定方法论基础和经验层面的积累。

- **活动目标**

(1)学习者能够使用科学、严谨的语言描述水土流失的概念、不同质地土壤的特征。

(2)学习者能够分析出不同土壤质地的特征并预测出在给定条件下各种土壤样品的水土流失速率。

(3)学习者能够运用水土流失的概念,列举出影响水土流失的多种因素。

(4)学习者能够科学地设计出水土流失定量测定的方案。

(5)学习者能够对自己设计的实验所获得的现象和结果给出合理的解释。

(6)学习者能够在完成项目后自行总结出科学研究的流程。

- **活动描述**

在这个项目的学习中,由教师创设情景,提供有关素材,逐步引导学习者成功探究影响水土流失的因素。首先教师利用信息技术向学习者提供必要、聚焦且意思表达准确的文字和图片,引导学习者阅读文字和图片,并从给定的信息中发现"水土流失"现象，根据学习者的学情，复习水土流失概念、土壤质地概念、土壤质地类型等知识。然后教师提供土壤样品和实验器具等材料，提出明确的学习探究任务，组织学习者进行小组合作学习，由小组成员讨论并确定小组将要探究的具体问题，在项目学习过程中，教师做好引导、"搭支架"、解惑，以帮助学习者成功地设计出并实施探究影响水土流失因素的方案。最后教师组织全体学习者进行分享讨论，提出具有针对性的问题，以检查学习者对活动目标的掌握情况。

- 知识类型
  - ✓ 概念：变量；黏土；砂土；水土流失；壤土；土壤质地
  - ✓ 技能：变量控制方法；科学研究的流程；水土流失的定量测定方法；土壤质地的测定方法；沟通；协作
- 项目安排
  - ✓ 课时：2—3节课，每节课60分钟
  - ✓ 年级：高中（也适用于初中和小学的高年级学段）
  - ✓ 涉及学科：科学；生态学；地理学；物理；数学

3.2.2 项目实施过程

● **活动开端**

✓ **预备**：(1) 组建合作学习小组；(2) 分发学习单。

✓ **导入**：

(1) 切入话题。教师创设情景，开始讲述"有着'母亲河'美誉的黄河是我国第二大河，也是世界著名的河流之一。黄河源头碧水微澜（讲述同时展示黄河源头的真实照片），而唐代诗人刘禹锡的《浪淘沙》中一句'九曲黄河万里沙'形象地描绘了黄河中、下游的景象（讲述同时展示黄河中游和下游的真实照片）"。

> **教 学 提 示**
>
> 在切入话题环节，教师可以使用信息技术创设情景，譬如播放有关黄河的纪录片节段，也可以根据教学内容的需要自己制作介绍黄河的微视频或图片集，请同学们从图片信息中辨识出"黄河"及其各河段，以达到增强学习成就感的目的。教师还可以充分调动学生的积极性和参与性，例如询问同学们是否见过黄河？看到的黄河是什么样的景象？请同学们使用诗词或成语等来描绘黄河的景象。

(2) 引起关注。教师紧接着向全班学生提问"黄河源头呈现的是碧水微澜，在黄河中、下游，为什么会出现'河水卷黄浪'的现象？"，倾听学生们的回答后，逐步引导学生发现并说出"水土流失"现象。然后，教师根据学生们的回答，简要归纳影响水土流失的因素。

> **教 学 提 示**
>
> 在本项目"引起关注"环节，教师有两个教学任务，一个是"搭好支架"，

> 借助图片、问题串等方式引导学生发现黄河中、下游的水土流失现象，并且由学生自己说出"水土流失"。另一个是"做好因势利导"，因为针对前述正文中的提问，学生可能会从水土流失的因素方面来回答，例如"黄河两岸树木砍伐""上游过度放牧"等，此时教师应当对学生们的答案进行归纳，明确指出同学们已经发现了导致水土流失的一些因素，帮助学生初步明确本次项目学习的任务，即探究水土流失的影响因素。
>
> "引起关注"环节的时间不宜过长，问题应当聚焦于水土流失现象，尽量避免出现其他因素的干扰，例如教师提供了多种人为因素造成的水土流失现象，可能导致学生们过多地关注人类行为等外部因素，而忽视了水土流失的内部因素，即水、土的因素。

（3）**陈述目标**。教师明确陈述学习任务，讲道："今天我们先来复习水土流失的概念，并且从水土流失的概念出发，来探究水土流失的影响因素。"

● **活动过程**

✓ **启发与"支架"环节**

（1）影响水土流失的因素。教师请若干名学生复述大家在地理课或科学课上学习过的水土流失的概念，引导全体学生注意他们所复述概念的异同之处，然后教师一边读出水土流失的概念，一边在屏幕上展示出概念，即"水土流失是指在水力、重力和风力等作用力的影响下，水土资源和土地生产力的破坏和损失，包括土地表层侵蚀和水土损失"。教师提示全班同学注意概念里的关键点，例如"在水力、重力和风力等作用力""水土资源""土地生产力"。

在全体学生都理解了概念后，教师继续提问"从水土流失的概念中，请同学们预测一下，造成水土流失的因素有哪些?"，停留片刻，请学生们集体回答，以便检查学生们对概念的理解情况。

教师将水土流失的概念和"引起关注"环节学生们的答案进行对比，然后利用信息技术展示导致水土流失的自然因素（主要来自水土流失的概念），例如，展示土壤质地疏松、降水强度过大导致地表形成的冲刷侵蚀、稀疏植被等图片，展示人为因素造成水土流失加速或恶化，例如展示破坏植被前后的土壤环境变化、不合理的耕作方式造成土壤生产力下降等的图片或数据。然后教师进行提示，本项目探究导致水土流失的自然因素。

> **教 学 提 示**
>
> 从"引起关注"环节到"启发与支架"环节，教师应当逐步将学生的注意力吸引到他们将要探究的问题上，在本项目中，就是探究影响水土流失的自然因素。因此，教学过程中的所提的问题都要为这个目的服务。本项目提供的教学案例的处理方法是：在导入阶段以发现水土流失开始，提出探究水土流失的影响因素作为前后教学环节的承上启下的问题，进入启发与支架环节明确了探究导致水土流失的自然因素。

（2）复习土壤质地的概念。教师先提问"同学们知道有哪些质地的土壤呀？"，请个别学生回答，然后继续提问"土壤质地的概念是什么？"，倾听全体学生回答后，教师在屏幕上展示出土壤质地的概念，即"土壤质地指土壤中不同直径矿物颗粒的组成情况，分为砂土、壤土和黏土"，同时展示砂土、壤土和黏土的实物图片。

（3）在全体学生理解概念后，教师给每个小组分发土壤样品，然后给出问题"请你们判断一下小组拿到的土壤样品的质地类型，并写出理由"，教师提醒同学们佩戴口罩和手套，穿着实验服，同时要求小组认真阅读学习单上的土壤样品测定步骤，开展合作学习，教师深入小组观察讨论，并检查学生们对概念、测定方法的理解情况。

各小组完成活动之后，教师来到实验台前，演示土壤质地类型的判断方法，讲述不同质地类型土壤的特征，最后揭晓答案。

> **教 学 提 示**
>
> 测定土壤质地类型的方法有多种，比如野外常用速测法，包括干试法和湿

试法，室内可以采用吸管法或比重计法。教师可以根据实际条件选择合适的测定方法。

在本项目中，土壤质地的测定并不是学生探究性学习的主体内容，因此教学案例中采用速测法中的湿试法测定土壤质地。具体步骤为：将少量的土壤（直径约 1 cm 的球形）放在手心，用手指将土壤样品捏碎，剔掉土壤样品中的细砾、植物组织等杂物，加水充分湿润，水量以挤不出水为宜，手感似粘手又不粘手，然后调匀，再用手指搓成直径约 1 cm 的团粒（成球），继续搓成直径约 3 mm 的细长条（成条），最后将细长条折成环状（成环），最后将环压扁成土片（成片），仔细观察"成球—成条—成环—成片"的过程，对照以下标准来判断土壤的质地。

❖ 不能搓成细条、团或球形、片状，成珠不成条——砂土
❖ 可以搓成球但不能搓成条，或者形成不完整的短条——砂壤土
❖ 可以搓成条，但提起时易断裂——轻壤土
❖ 可以搓成球、细条，将细条弯曲时有裂痕，压扁时断裂——中壤土
❖ 可以搓成球、细条，将细条弯曲时无裂痕，压扁时有大裂痕——重壤土
❖ 可以搓成球、细条，将细条弯曲时无裂痕，压扁时也无裂痕——黏土

（4）教师创设情景，借助平板电脑开展抢答游戏。第一轮抢答游戏是让学生判断各种质地类型的土壤的基本特性，包括水流经速度、土壤持水性能、是否适宜植物生长。

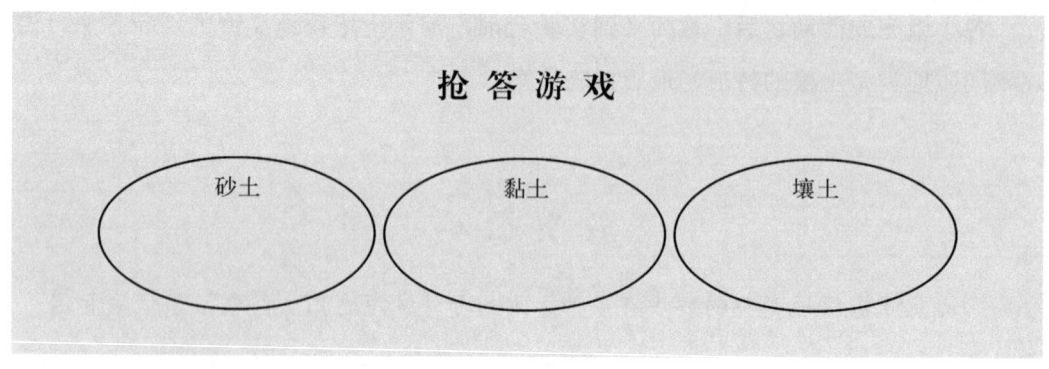

A 水流经的速度最快　　　　B 水流经的速度次之　　　C 水流经的速度最慢

D 透水性最强（持水能力最差）　E 持水能力次之　　　　　F 持水能力最强

G 适宜生长植物　　　　　　　H 不适宜生长植物

在第二轮抢答游戏中，教师在屏幕上每次展示两组不同质地类型的土壤图片，让学生判断水土流失的严重程度，请小组抢答，并说出预测的依据。

教 学 提 示

在本项目的教学案例中，第二轮抢答游戏里使用的土壤图片包含土壤质地、有无降水、降水量大小等信息。设计这个抢答游戏的目的在于探测学生对水土流失的预测能力和思维定式，例如，学生是否认为砂土发生的水土流失比黏土和壤土的水土流失更为严重？黏土和壤土相比，哪种质地类型的土壤更容易出现水土流失？通过预测、观点冲突，让学生产生疑惑，进而激发学生的好奇心和探索的兴趣，为开展后续的探究性学习埋下伏笔。

✓ **探索与辨识环节**

（1）教师展示探究学习的土壤样品和器具材料：砂土、黏土、壤土、自来水、托盘、培养皿、环刀、烧杯、天平、量筒、计时器、称量纸、滤纸、纱布、筛子、镊子、夹子、橡皮筋、铁架台、烘箱。此时几乎所有的学生都很兴奋，大家七嘴八舌地议论起来，教师讲述"请同学们仔细观察实验器具和材料，然后思考一下，如何使用这些器具和材料来定量测定水土流失"，同时强调"同学们可以从这些实验器具和材料中选取一部分或者全部物品来开展实验，但是，在同样定量测定出水土流失的情况下，使用器具和材料越少、定量测定方法地越精确，并且耗时较少的小组将获胜"。

（2）教师提出小组头脑风暴的要求，即"小组成员进行头脑风暴，经过讨论，选取实验器具和材料，并设计出定量测量水土流失的实验方案，写出预测结果，写明小组成员分工，限时 20 分钟"。小组进行讨论时，教师巡视并听取小组讨论，询问他们方案设计的进展、方案实施的难点可能是什么。根据各小组的实际情况，教师运用提问的方式进行提示，如"对照组是如何设计的？""测量重复几次？""测量的起始时间如何确定？""如何定量土壤的流失？""如何定量水的流失？"

在小组头脑风暴结束后，教师将自己巡视过程中记录的一些问题（例如，各组暴露的共性问题）展示出来，然后以问题的方式提出来，引导学生们共同思考和解决。

教 学 提 示

在"探索与辨识"环节，教师处于辅助地位，重点完成三项任务，其一是关注全体学生的学习情绪和心理变化，适时予以指导，其二是确保每位学生都能够正确地理解和使用学科的相关知识与技术，其三是解答个别学生遇到的困惑，鼓励其继续探索。

在小组内开展的头脑风暴过程中，学生们可能为了完成定量测定水土流失的任务，而只关注对水、土的体积或重量变化的测量、计时的起始点和结束点，往往容易忽视实验设计的合理性和可行性，比如，水土流失究竟是测量水的流失，还是土的流失，或者水和土同时的损失？实验测量装置的设计是否可行？有哪些干扰因素会影响实验测定的准确性？如何控制系统误差？水土流失的速率随时间会有何种变化？等等。针对这些情况，教师可以根据各小组讨论的情况，适时中断讨论，引导学生们找到争论的焦点、关键问题或难点，教师也可以参与小组活动，一起解决困难，寻找到最优的测量方法，这样不仅可以提高小组合作学习的效率，还可以有效地维持学生们继续探究的兴趣。

（3）教师继续提出组间头脑风暴的要求，即"分工相同或相似的各组成员进行头脑风暴，一方面要主动推销本组方案，听取别人的意见，另一方面要积极评价他组的设计方案，批判地借鉴，并将信息带回本组，反馈给本组的其他成员，限时 20

分钟"。教师巡视，并进行个别指导。

> **教 学 提 示**
>
> 在小组内的头脑风暴过程中，常常出现小组成员无法达成一致意见的情况，小组会采取不同的解决方案。在本项目的案例教学中教师也观察到了这种现象。当教师深入小组巡视时发现，有些小组的组内成员未达成一致，持不同意见的成员会主动放弃自己的想法而服从小组其他成员的决定，还有的小组会出现几位成员劝说持不同意见的成员，最终达成一致的情况，也有个别小组意见不能达成一致，小组多数成员执行一套设计方案，持不同意见的成员坚持自己的设计方案，只是被动地履行组内分工，在整个实验过程中，该组的争论一直都未停止过。经过教师巡视发现，有趣的是，有个别组员所持的不同意见恰恰直指小组设计方案的不足或缺陷。
>
> 在本项目的教学案例中，有一个特殊的合作学习环节，就是组间的头脑风暴，是给分工相同或相似的各组成员提供了交流、讨论的机会，一方面便于他们清楚地认识到自己所提意见的合理性、可行性和重要性，另一方面，也便于他们从不同的角度审视自己所在小组的设计方案。实践证明，组间的头脑风暴产生了良好的效果，有个别小组的组员在结束组间头脑风暴后携带了极其重要的信息回到小组，在第二次小组讨论中，有不少小组修改了第一次头脑风暴制订的设计方案。

（4）教师提出第二次小组头脑风暴的要求，"请小组各成员进行最终讨论，优化实验设计，并形成最终方案，然后将小组的设计方案的主要流程写在黑板上，限时15分钟"。

图 3-1 小组成员将第二次讨论后形成的设计方案写在了黑板上

✓ **积累与创造环节**

（1）各小组开始实施设计方案。教师提醒同学们佩戴口罩和手套，穿着实验服，使用环刀、玻璃器皿时注意安全。小组成员按照组内分工各司其职，教师一边巡视，一边观察和记录学生活动进展，并给小组或小组成员给予个别指导。如果需要，运用提问的方式进行提示，如"对照组与处理组有何差别？""为什么要对土壤进行过筛？""如何控制水流速度？""记录了哪些数据？""如何计算出水土流失的速率？"等。

有些小组成员反映小组成员都不确定设计的方案是否可行，于是主动开展了预实验，并对方案的具体步骤做出了相应的调整。随着探究持续推进，几乎所有的小组都对原有的设计方案做了局部调整。

实践篇

图3-2 A是学生进行预实验，B、C、D分别是三个小组采用的测试模型

（2）小组整理和分析数据，将预测的结果与实测的结果进行对比和讨论。教师继续巡视，并参与小组的讨论，例如教师会提问"重复组之间测量的数据为何会有这么大的差异？""实测结果是否可信？""实测结果与预测结果的差异如何解释？"

（3）教师记录每个小组的实验进展，适时进行倒计时提示。

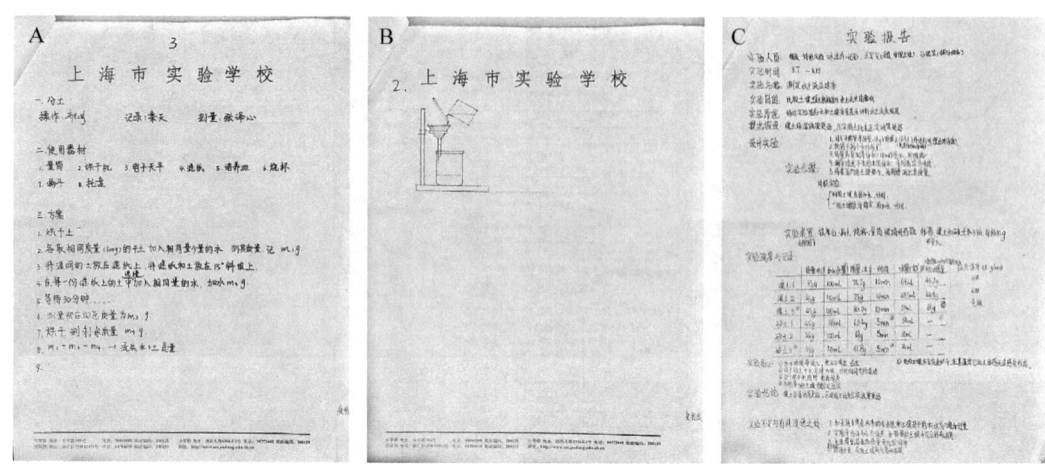

图3-3　A是小组实验设计方案，B是模型设计图，C是实验记录结果和分析

教 学 提 示

积累与创造环节是学生体验探究与协作的关键过程，教师应当为学生探究留出充足的时间。在此过程中，教师充当观察员，及时记录各组的进展状况，并给予阶段性的评判，如果发现方案疏漏之处或操作不当，教师不直接指出错误，而是用质疑的方式引起小组注意，耐心听取组员陈述，以平等的姿态参与小组讨论，这种"质疑—听取—讨论"的方式有利于维持学生兴趣，让学生可以自由地体验真实的科学研究和工程设计的过程。

✓ **分享与评价环节**

（1）在小组探究过程中，教师鼓励各小组成员到其他小组进行观摩，分享操作经验，反思并提炼出本组的设计特色、新发现和困惑，为后续的分享做准备。

（2）待每个组完成测量后，教师宣布探究活动结束，请各小组收拾好实验台上的器具和材料，将教室清理干净，准备进入分享与评价环节。

教 学 提 示

项目学习的目标之一是给学生提供像科学家做科学研究和工程师进行设计一样的体验,科学家和工程师的工作都离不开与同行的分享和交流,因此,本项目的教学案例的"分享与评价"环节,教师鼓励学生到其他小组观摩和讨论,从实际的教学中也发现,学生们非常愿意去观摩其他小组的活动进展,而且会参与到小组的讨论中,非常热烈。

项目学习除了带给学生知识和技能的提升外,还重视对学生习惯的养成,例如,本项目的教学案例中,教师预留了时间要求学生整理和清理教室,学生们都能在限定时间内完成清洁工作,使学生们意识到整理和清洁环境既是实验工作的一部分,也是一项良好的习惯。在教学案例中就发现,整理和清洁教室并没有干扰到后续的分享讨论,反而学生们在分享讨论中更加专注,或许是因为台面和教室的整洁使学生们的注意力得以集中,也可能是清理教室让学生们意识到后续的分享讨论是一个重要的环节。

(3) 教师宣布分享和评价的规则,以答辩会的形式进行。每个小组指定一名成员代表本组展示探究的过程,包括设计思路、方案优化的过程、探究结果、结论、新发现、困惑和探究感悟。教师不限定展示的方式,口头陈述、使用PPT或者制作海报展示都可以,但分享当日各小组需事先在教室的黑板上写出本组探究的必要数据,包括测定的条件、记录的主要数据和简明扼要的结论。

教师主持答辩会,并限定每组汇报的时间和提问环节的时间。每个小组汇报完毕后,都要接受来自其他小组和教师的提问,小组根据问题派出组员做出回答。教师和每个小组依据项目评价表对其他小组的分享表现进行客观评价(请见"水土流失"项目小组评价表)。

教 学 提 示

"分享与评价"是探究性学习的一个重要环节，也是项目学习的重要组成部分。本项目的教学案例中，教师预留出足够的时间组织答辩会，让学生们模拟同行评议，为学生们体验评委、答辩人的角色创造了真实的氛围。在答辩过程中，有的学生伶牙俐齿，能够使用小组获取的证据进行辩解，有的学生面对提问表现得语无伦次或是沉默，小组其他成员积极提供支援，也有个别学生在课后仍然追问和讨论问题。作为评委，学生们非常认真，小组成员会对评价量表中的每个条款和每个得分都反复斟酌，展示出了学生们的责任心。教学实践发现，以答辩会形式开展的分享与评价是培养学生能力和责任感的一个好机会。

如果条件允许，教师还可以邀请其他学科的教师或者相关领域的研究学者作为评委来参加答辩会。

● 活动结尾

（1）教师对各组的探究过程和分享评价环节的答辩会进行总结，引导学生结合各自小组的探究经历来理解变量的概念、变量控制方法，并总结科学研究的一般流程。

（2）每位学生填写学习单上的"四、发现与反思"表格（请见"水土流失"项目学习单）。

（3）每位学生依据自我评价表对自己进行客观评价（请见"水土流失"项目自我评价表）。

● 活动评价

✓ 评价时间：

（1）课堂上的分享与评价环节。

（2）项目学习结束之后。

✓ 评价任务：

（1）小组评价（请见"水土流失"项目小组评价量表）。

(2) 自我评价（请见"水土流失"项目自我评价量表）。

(3) 他人评价（请见"水土流失"项目学习单）。

(4) 专家评价，教师将评价意见写在学生的学习单"五、教师评语"上。

教 学 提 示

本书中所展示的每个 STEM+ 课程主题项目中都包含一套针对学习者的评价工具，由四部分构成，分别是"小组评价量表""自我评价量表""同伴评价"和"专家评价"。这四个评价工具从不同的维度构建起了每位学生在项目学习中的成长坐标。

(1) "小组评价量表"，以小组为单位进行评价和被评价，主要评价内容包括项目实施过程和产品的质量、组员合作的融洽程度。

(2) "自我评价量表"，是每位学生对自己的评价，评价内容主要涉及学生个人对知识、技能的运用情况。

(3) "同伴评价"，在每个项目的"学习单"中都有一个项目是让学生记录在项目学习过程中令自己印象深刻的同伴以及理由。

(4) "专家评价"，是教师对学生的评价，包含两个内容，其一是教师对项目实施过程中每位学生的表现进行评价，通常是教师使用文字、照片等形式记录学生们做项目学习的过程以及典型的学生及行为，然后在项目学习的"分享与评价"环节进行口头点评和总结，属于过程性评价。其二是在项目学习结束后，根据项目学习的教学目标和学习任务的特征，从科学性、艺术性等方面对每位学生的作业或作品进行评价，属于终结性评价。

3.2.3 项目设计解析

□ **教学目标设计解析**

正如作者在第 2 章谈到过的,教学目标是课程目标的具体化,每个项目学习实施后所实现的教学目标实际上就是对课程目标的达成。本书设计的 STEM＋课程的课程目标包括七个层面(请见第 2 章的"STEM＋课程目标设计"部分),即(1)能够增强对人类、自然和社会现象的兴趣和好奇心;(2)能够理解人类、自然和社会的相互作用及其产生的多维度效应和综合影响;(3)能够掌握科学探究和工程设计的流程;(4)能够运用跨学科思维、逻辑推理以及多学科知识和技能分析解决现实问题;(5)发展批判质疑、反思、创新创造以及沟通合作、自我管理的能力;(6)能够有效使用与评价技术和媒体信息、创造信息与媒体产品;(7)能够尊重差异、适应变化、愿意承担促进可持续发展的社会责任感。课程目标的七个层面既可以在同一个项目中得到落实,也可以分散在不同项目中,每个项目或每次教学侧重实现其中的若干个目标。通过"水土流失"项目的实施,预期实现的课程目标是学习者"(1)能够增强对人类、自然和社会现象的兴趣和好奇心""(3)能够掌握科学探究和工程设计的流程"(在本项目中主要是掌握科学探究的流程)"(4)能够运用跨学科思维、逻辑推理以及多学科知识和技能分析解决现实问题"。

教学目标不仅承接课程目标,还为教师的具体教学行为指引了方向,也是检验每次教学的质量与效果的标尺,为教师自我审查教学活动与课程目标之间的差距提供了参照,因此,在项目学习以及常规的课堂教学中,对教学目标的设计都尤为重要,需要教师慎重且周全地考虑。在本书中,笔者对项目学习的教学目标设计采用"逆向教学设计"的方法,即在选定项目学习的主题后,以 STEM＋课程目标为参照系,从预期的学习效果出发,逆向追溯教学目标(请见第 2 章的"STEM＋课程目标设计"的相关内容),并按层级或维度构建教学目标体系。

从本项目的设计和实施过程看,学生们普遍展露出对水土流失现象及其影响因素问题的兴趣,具有好奇心对这些问题开展讨论、甚至是争论,进而开展了较为完整且成功的探究性学习。这不仅是本项目学习的具体学习效果之一,也实现了"（1）能够增强对人类、自然和社会现象的兴趣和好奇心"这一项课程目标。在课程目标中，"掌握科学工作的流程"蕴含了科学工作流程的构成要素和科学工作流程的体验两个方面，前者是陈述性知识，落实在教学目标"（6）学生能够在完成项目后自己总结出科学研究的流程"，后者是程序性知识，涉及水土流失的定量测定方法、变量控制方法、科学研究的流程，落实在教学目标"（4）学生能够科学地设计出水土流失定量测定的方案"和"（5）学生能够对自己设计的实验所获得的现象和结果给出合理的解释"。课程目标"能够运用跨学科思维、逻辑推理以及多学科知识和技能分析解决现实问题"包含了跨学科的知识体系和使用跨学科知识解决问题两个层面，在本项目中，跨学科的知识体系涵盖水土流失、土壤质地、砂土、黏土、壤土、变量以及土壤质地的测定方法，具体化为教学目标"（1）学生能够使用科学、严谨的语言写出水土流失的概念、不同质地土壤的特征"，使用跨学科知识解决问题具体化为教学目标"（2）学生能够分析出不同土壤质地的特征并预测出在给定条件下各种土壤样品的水土流失速率"和"（3）学生能够运用水土流失的概念列举出影响水土流失的多种因素"。

根据布鲁姆认知领域目标分类法，上述教学目标（1）和（6）分别属于知道和领会层面，涉及简单的、低阶的思维活动，而教学目标（2）、（3）、（4）和（5）运用到了复杂的、高阶的思维活动。

□ **活动设计分析**

在本项目中，相关的陈述性知识和部分程序性知识在初中和高中的地理、生物、物理等相关课程中已有教学安排，因此，对具体的概念性知识和实验器具的操作技能的教学不是本项目的重点。

笔者在分析了课程目标和教学目标之后，选择了活动设计而非教学设计（请见第2章"STEM+课程教学设计与活动设计"部分），目的在于（1）激发学习者对我国生态环境问题的关心，引起他们对解决生态环境问题的兴趣；（2）通过探究性学习这样的活动实践，加深学习者对相关知识和技能的理解与应用，使学习者增强治理生态环境问题的信心，培养生态环境保护的责任感；（3）活动能够为学习者提供综合运用所学的多学科知识和技能的机会。其中，活动目的（1）对应课程目标"（1）能够增强对人类、自然和社会现象的兴趣和好奇心"，活动目的（2）对应课程目标"(3)能够掌握科学探究和工程设计的流程"(在本项目中主要是掌握科学探究的流程),活动目的(3)对应课程目标"(4)能够运用跨学科思维、逻辑推理以及多学科知识和技能分析解决现实问题",由此,将活动目的与课程目标、教学目标一一对接,以保证活动设计能够实现既定目标。

☐ **探究性学习模式的应用**

体验科学研究的过程是 STEM+课程的一项重要任务,也是本项目的教学目标之一。科学立足于现象研究,科学研究的主要步骤包含提出问题、构想假说、寻找变量、制定研究设计、预实验、收集数据、分析数据、得出规律、撰写报告和交流反思(李慧等,2019)。探究性学习包括启发、浸入、探索、识别、积累、分享和评价八个环节(Jasti et al.,2014;Maniotes & Kuhlthau,2014),与科学研究的流程类似,探究性学习中的探索、识别和积累环节是学生独立"做研究"的过程(李慧等,2015),也是对学生高阶思维能力锻炼的绝佳时机。为此,作者采用探究性学习模式。在活动设计中,将探究过程(即活动过程)分解为四个环节,即启发与支架环节、探索与辨识环节、积累与创造环节、分享与评价环节。在每个环节清晰地呈现了师生角色、教学和学习任务、关键教学行为等内容,从而保证探究有实效、活动循序渐进,各环节重点突出,保证活动能够落实教学目标。

☐ **跨学科整合设计**

本项目主题涉及科学、生态学、地理学、物理、数学。具体而言,整个活动的探究过程就是科学研究的过程,需要运用变量控制方法和科学研究流程的知识,这属于科学范畴。在启发与支架环节,对"影响水土流失的因素"的分析需要用到生态学、地理学的知识,"测定土壤质地类型"属于生态学的范畴。在探索与辨识环节,"水土流失的定量测定"需要借用物理学速度计算公式和加速度的概念,由于课堂上的探究时间有限,学生可能无法测量多个时间的数据,要解决这个问题,可以考虑使用建模的方法来估计流速随时间变化的趋势,这就需要用到数学和统计学的知识,使用一些统计学软件还能大大提高建模和相关运算的效率。

就"水土流失"这个项目而言,不同学科的知识和技能是在分析和解决"定量测定水土流失速率"这个问题的过程中实现了"按需"融合。在项目学习的始终,几乎看不到独立学科的身影,譬如,教师没有讲水土流失的速率在地理学中是如何测定的，在生态学中是又是采用何种方法测定的，教师也没有提示"同学们，要解决这个问题，大家可以运用数学建模的方法、物理学的加速度公式"等。学习者处于真实情景并解决现实问题，在此过程中获得了跨学科能力的锻炼，这既符合 STEM 教育的理念，也是本书所设计的 STEM＋课程在跨学科整合方面的设计思路。

3.2.4　项目拓展方向

影响水土流失的因素有很多，从前述的项目实施过程不难看出，本项目的教学案例重点关注非生物因素的作用。从探究的内容来看，学生们抓住了土壤这个因素，因此，在探究活动中，学生们对人工模拟的降水的流速、流量等变量进行了控制，从而定量测定在相同环境下砂土、黏土和壤土的流失速率。对本项目的拓展，可以考虑改变变量，譬如，可以探究坡度、风力、地表径流流速和流量等因素在水土流失中的作用及其影响。

3.2.5 "水土流失"项目学习单

> 一、概念词典

1. 变量：包括实验变量和反应变量，实验变量又称为自变量，是指实验中由实验者操纵的因素或条件，反应变量又称为因变量，是指由于实验变量而引起的变化和结果。

2. 黏土：是指含砂粒很少且有黏性、水分不易透过、具有较好可塑性的土壤。

3. 砂土：是指土壤颗粒组成中砂粒含量较高（约占85%—100%）的土壤，主要特点是保水保肥能力较差，养分含量少，土温变化较快，通气透水性较好。

4. 水土流失：是指在水力、重力和风力等作用力的影响下，水土资源和土地生产力的破坏和损失，包括土地表层侵蚀和水土损失。

5. 壤土：是指土壤颗粒组成中黏粒、粉粒、砂粒含量适中，质地介于砂土和黏土之间的土壤，兼具砂土和黏土的优点，通气透水、保水保温性能较好。

6. 土壤质地：指土壤中不同直径矿物颗粒的组成情况，分为砂土、壤土和黏土。

7. 本项目学习采用湿试法测定土壤质地的类型，具体步骤为：（1）将少量的土壤（直径约1 cm的球形）放在手心，用手指将土壤样品捏碎，剔掉土壤样品中的细砾、植物组织等杂物，（2）加水充分湿润，水量以挤不出水为宜，手感似粘手又不粘手，然后调匀，（3）再用手指搓成直径约1 cm的团粒（成球），（4）继续搓成直径约3 mm的细长条（成条），（5）然后将细长条折成环状（成环），（6）最后将环压扁成土片（成片）。仔细观察"成球—成条—成环—成片"的过程，对照标准来判断土壤的质地。

二、测定土壤样品的质地类型

请采用湿试法,并根据下表中的土壤质地类型测定依据,判断土壤样品的质地类型。

土壤样品	土壤质地类型	判断依据
土壤样品 A		
土壤样品 B		
土壤样品 C		

湿试法测定土壤质地类型的对照标准:
- 不能搓成细条、团或球形、片状,成珠不成条——砂土
- 可以搓成球但不能搓成条,或者形成不完整的短条——砂壤土
- 可以搓成条,但提起时易断裂——轻壤土
- 可以搓成球、细条,将细条弯曲时有裂痕,压扁时断裂——中壤土
- 可以搓成球、细条,将细条弯曲时无裂痕,压扁时有大裂痕——重壤土
- 可以搓成球、细条,将细条弯曲时无裂痕,压扁时也无裂痕——黏土

三、探究水土流失的影响因素

1. 小组头脑风暴记录单

组员1：
组员2：
组员3：
小组观点：

2. 组间头脑风暴记录单

组员1：
组员2：
组员3：
小组观点：

3. 设计方案优化

实验器具和材料：

模型设计：

探究步骤：

组员分工：

4. 记录数据

水土流失速率的定量原理即测定单位时间单位面积内的水土流失量。数据记录表格供参考。

样品编号	时间（min）	t_0	t_1	t_2	……
1号	土壤干重（g）				
	水体积（mL）				
2号	土壤干重（g）				
	水体积（mL）				
3号	土壤干重（g）				
	水体积（mL）				
……	……				

5. 探究的结果与分析

请使用文字、图、表、模型等形式呈现小组的探究发现，并对探究结果进行必要的解释。

四、发现与反思

请在表格中记录下探究学习过程中,哪些同学使你印象深刻?为什么?你有哪些发现?这些发现对你完成项目学习有什么启发与帮助?

五、教师评语

3.2.6 "水土流失"项目小组评价量表

评价人：_____

评 分 标 准	非常好	良 好	有待提高	得 分
1. 组员陈述清晰，富有逻辑性。	4—5	2—3	0—1	
2. 设计的方案合理且可行。	4—5	2—3	0—1	
3. 方案实施过程操作简便、耗材较少，人力资源使用合理。	4—5	2—3	0—1	
4. 充分利用证据分析结果。	4—5	2—3	0—1	
5. 学习成果展示方式简明、有效。	4—5	2—3	0—1	
6. 对同行评议的答复和辩解令人满意。	4—5	2—3	0—1	
7. 组员之间能够有效、和谐地合作。	4—5	2—3	0—1	
总 分				

备注：教师可以根据具体项目情况调整表格的内容、评价标准和分值。

3.2.7 "水土流失"项目自我评价量表

评价人：_____

评 分 标 准	非常好	良 好	有待提高	得 分
1. 能够准确描述和理解概念。	4—5	2—3	0—1	
2. 能够提出科学假设。	4—5	2—3	0—1	
3. 能够识别现象中蕴含的多学科知识。	4—5	2—3	0—1	
4. 能够控制实验变量，完成实验设计。	4—5	2—3	0—1	
5. 能够提出不止一种设计方案。	4—5	2—3	0—1	
6. 能够准确测量并记录结果。	4—5	2—3	0—1	
7. 能够进行科学解释和推断，结论准确。	4—5	2—3	0—1	
8. 能够预期可能的探究结果。	4—5	2—3	0—1	
9. 能够采用有效方式展示学习成果。	4—5	2—3	0—1	
10. 能够与组员配合有序、合作高效。	4—5	2—3	0—1	
11. 能够与他人有效沟通。	4—5	2—3	0—1	
12. 能够在合作中有效地管理自己的情绪。	4—5	2—3	0—1	
13. 能够包容、接纳他人的不同意见、消极情绪等。	4—5	2—3	0—1	
总 分				

备注：教师可以根据具体项目情况调整表格的内容、评价标准和分值。

3.2.8 "水土流失"项目评价量表

评价人：_____

评 分 标 准	是	否
1. 项目能够模拟"现实世界"，或者解决真实世界中的问题。		
2. 项目中的问题和过程步骤是成年人能够解决和操作的。		
3. 项目问题对学生有现实意义或价值。		
4. 学生能够独立地实际操作项目的实施步骤，或者使用到学生自己的想法或者发明创造的产品。		
5. 项目问题的解决方案有不止一种可能的正确答案。		
6. 项目问题的解决具有一定的复杂性。		
7. 项目能够提供学生向真实观众展示他们自己或他们的成果的机会。		
8. 项目的内容与课程标准或学校教育的内容相关。		
9. 项目具有明确的培养学生知识和技能的目标。		
10. 项目具有核心概念和具体的知识、技能。		
11. 项目的实施需要到使用核心概念、知识和技能，并且能够将核心概念、知识和技能用于解决现实问题。		
12. 项目的实施需要学生使用专业术语，以及科学的、严谨的语言和行为进行交流、表达和操作。		
13. 项目的实施以团队合作为主，项目问题的解决需要学生与他人沟通、合作。		
14. 项目学习中需要学生使用自我管理技能（例如，时间管理、资源分配、制定工作计划等）。		
15. 项目的实施需要学生从教材以外获取信息、数据等。		
16. 在项目实施的过程中教师具有实质性的角色扮演，参与到学生的项目实施和问题解决活动中。		
17. 学生能够就项目内容或问题解决与有经验的成年人进行沟通、讨论。		
18. 项目的评价标准清晰，没有歧义。		
19. 项目评价的内容多样化，不仅评价学生对知识和技能的掌握，还包括高阶思维能力、合作能力、自我管理能力等。		

续表

评 分 标 准	是	否
20. 学生对项目的评价标准熟悉，并且形成清晰的理解和解释。		
21. 项目的实施中需要使用信息技术。		
22. 学生需要使用技术辅助解决项目问题、分享和展示项目成果。		

备注：教师可以根据具体项目情况调整表格的内容、评价标准或分值。

3.3 植物的威力

3.3.1 项目内容介绍

● **项目主题的设计**

本项目是上一节"水土流失"项目的延续，通过"水土流失"项目的学习，学习者已经关注到真实世界的自然现象，即水土流失现象，并且从注意现象进而发现原因，对影响因素（主要是土壤质地类型这一因素）进行了探究，在此基础上，学习者将继续对水土流失问题的解决进行探索，这就是本节项目的内容。从项目的标题"植物的威力"不难看出，这个项目将给学习者提供以生物因素（即植物）为例来探究水土保持的解决办法的学习机会。这个主题项目从两个角度进行设计，其一，了解植物在水土保持中的作用及其机制，这将有助于学习者理解植被保护在水土流失治理中的意义，认识植被保护的多维度效应以及植被破坏将产生的综合影响，通过本项目的学习，加深学习者对可持续发展的理解，促进他们树立社会责任感。其二，了解并掌握"从多角度分析和解决问题"这项常用技能，该技能是学习者面对当前学习和生活，以及应对未来时必须具备的能力，通过本项目的学习，学习者将体验从多角度分析和解决问题是如何发生的，这将有助于学习者积累"从多角度分析和解决问题"技能的经验。

● **教学目标**

（1）学习者能够独立写出植物在水土保持中的作用及其机制：

① 植物地上部分的覆盖能够减少到达地面的有效降水量，削弱降水的势能，从而降低水对土壤表面的侵蚀。

② 分布于地表的植物根系和植物凋落物能够降低地表径流的速度，分布于地下的植物根系能够缠绕固结土壤，同时能改善土壤团粒结构和孔隙状况，从而增加土壤的渗透性和抗冲性。

（2）学习者能够合作设计出模拟植物固持水土的模型。

（3）学习者能够运用自己创造的模型等产品成功探索出植物在水土保持中的作用及其机制。

（4）学习者能够对项目学习活动的产品和发现做出恰当的价值判断与评价。

● **教学描述**

在这个项目学习中，教师采取引导发现式教学模式，首先创设情景，提供有关素材，逐步引导学习者注意植物在水土保持中发挥着作用，再组织头脑风暴，让学习者自由讨论需要解决的关键问题，问题的解决方案，然后由学习者逐步设计出模型、构建模型、实施方案、获得结论。在项目学习过程中，教师做好引导、"搭支架"、解惑的工作，为学习者创造实质性的探索和发现的氛围与支持条件。在学习者完成"发现"学习后，教师组织全班进行分享和评价。最后，教师做好"结课"，尤其是对学习者"发现"的知识进行透彻地讲解。

● **知识类型**

✓ **概念**：不定根；侧根；凋落物；根系；径流；土壤侵蚀；须根系；直根系；主根

✓ **技能**：工程设计的流程；科学研究的流程；从多角度分析和解决问题的能力；使用技术查找资料的能力；沟通；协作

● **项目安排**

✓ **课时**：3—4节课，每节课60分钟

✓ **年级**：高中（也适用于初中和小学的高年级学段）

✓ **涉及学科**：工程；生态学；科学；物理；数学

3.3.2 项目实施过程

● **教学开端**

✓ **预备**：(1) 组建合作学习小组；(2) 分发学习单。

✓ **导入**：

(1) 切入话题。教师创设情景，并讲述"在上一个'水土流失'项目中，我们一起探究了水对不同质地土壤的侵蚀情况。那么，我们可以采取什么措施来减缓水的侵蚀呢？"给学生们留出足够的时间来思考这个问题，并且听听同学们的观点，然后教师可以利用信息技术展示一些减缓水对土壤侵蚀的真实案例（包括真实环境的图片和相关数据），逐步引导学生们将注意力集中到植物在减缓水土流失中所发挥的积极作用。

教 学 提 示

"植物的威力"项目是"水土流失"项目的延续，两个项目在知识、技能方面有重叠的部分，同时，"植物的威力"项目需要使用到学生们在"水土流失"项目中的学习经验，因此，在切入话题环节，教师创设情景可以引用"水土流失"项目中学生们的探究活动，例如展示各个小组搭建的测定水土流失速率的模型，展示小组探究的数据结果等，能够快速唤起学生们对已经实施过的"水土流失"项目相关内容的回忆。

在这个教学案例中，当提出"我们可以采取什么措施来减缓水的侵蚀呢？"的问题后，教师可以借用生活中的例子来引导学生们思考，例如，举例淋浴的水管安装花洒喷头前后的水流冲击力效果的差异，由此将讨论的问题与学生们的生活经验建立联系，引导学生思考遮挡物在减缓水对土壤表面侵蚀中发挥的作用，然后再使用信息技术展示一些减缓水对土壤侵蚀的真实案例，其中，展示的真实环境的图片可以帮助学生建立感性的认识，使他们了解到在现实世界中的人们是怎么解决这个问题的,例如采取植树造林,降低水的流速,减缓水对地表土壤的冲击力;展示一些野外监测数据或研究数据,可以帮助学生们了解到人们采用的各种举措是否奏效,对这个问题形成初步的认识,从而为后续的探究性学习做好铺垫。

(2) **引起关注**。在全体学生都注意到植物在减缓水土流失中可能发挥积极的作用之后,教师展示实例和研究数据,同时辅以信息技术来说明芦苇在海滨湿地的促淤功能,尤其注意引导学生观察芦苇群落的地上部分(包含茎、叶)减缓水的作用。然后,教师拿出实物,即一个是栽种于花盆的芦苇(图3-4A),一个是生长于同等条件下的芦苇地下部分(图3-4B),芦苇的根系事先经过水清洗并去除了表面附着的泥土,教师简要地介绍芦苇的生物学特性。

图3-4 A是栽种于花盆的芦苇;B是生长于同等
条件下的芦苇的地下部分(李慧 摄)

接下来,让各个小组传看芦苇地下部分的样品,待学生们都看完植物样品后,教师还需要借助实物模型或信息技术复习或讲解一些相关的概念,例如根系、不定根、根状茎、直根、须根等。

然后教师讲述"在现实生活中,人们会采取植树造林来减缓水土流失,这确实是一个有效的措施,而且也取得了显著的效果。现在,我们以芦苇为例,同学们仔细观察芦苇的地上部分和地下部分,请大家思考一下,植物能够固持水土的机制是什么呢?"

(3) 陈述目标。教师陈述学习任务,"今天我们就一起来探究一下植物是如何在固持水土中发挥作用的。同学们将要完成的任务是,以工程师的身份尝试把你们的想法用模型展示出来,并且结合数据证明你们预测的机制的合理性"。

教 学 提 示

在导入环节,教师讲述减缓水对土壤侵蚀的真实案例以及展示植物样品实物时,会提到植物的一些结构,例如植物地上部分、植物地下部分、根系、直根系、须根系、主根、侧根、不定根、凋落物、土壤侵蚀、径流等概念,此时教师应当使用专业术语进行讲述,而且有必要将这些概念向学生们讲解清楚,一方面培养学生使用专业术语的习惯,能够使用科学的、严谨的语言进行交流和表达,另一方面为后续学生独立开展探究提供知识积累。

本项目的教学案例使用芦苇作为样品展示,教师可以根据教学所在的地区、季节等因素选取其他植物作为样品,需要特别注意的是,应尽量选取具有代表性的植物。本教学案例选用芦苇作为代表,主要考虑到(1)芦苇的生境范围较为广泛,为人们普遍知晓,尽管有些学生可能从未见过芦苇,但是学生们对芦苇的名字并不陌生,这有利于学生们快速关注到芦苇的结构;(2)芦苇生长较快,容易栽种,无毒、无害,是廉价、易获得的教学材料;(3)芦苇的地上部分和地下部分结构明显,有利于学生快速找到探索的着眼点;(4)芦苇的地上部分(主要是叶片和茎秆)能够削弱降水对土壤表面的冲刷,其地下部分(主要是根状茎和不定根)发达,能够缠绕团结土壤,进一步减缓水土流失。

● **教学主体**

✓ **探索与辨识环节**

（1）教师展示探究学习的土壤样品、器具和材料：砂土、黏土、壤土、不同种类的毛线（本教学案例中提供的是羽毛线和毛绒线）、塑料吸管、自来水、水槽、托盘、培养皿、环刀、烧杯、喷壶、洒水壶、天平、量筒、计时器、称量纸、滤纸、纱布、筛子、镊子、针、夹子、橡皮筋、铁架台、烘箱。

教师讲述"请同学们仔细观察实验台上摆放的土壤样品、器具和材料，然后思考一下，如何使用这些物品来探究植物在固持水土中发挥的作用？"教师强调"同学们可以从这些土壤样品、器具和材料中选取一部分或者全部物品来开展探究，同学们需要制作出有形的模型作为产品，使用的器具和材料越少、模型越接近真实情况，并且耗时较少的小组将获胜"，此时，再给学生们留出一些时间让大家了解学习任务。

> **教学提示**
>
> 本教学案例提供的探究器具和材料较多，教师可以事先将这些器具和材料摆放在公共实验台上，用PPT或学习单向学生们展示或呈现这些器具和材料清单。教师也可以根据自己设计的项目有选择性地提供必要的设备、器具和材料，或者让学生自己寻找、创造所需的工具和材料。

（2）教师提出第一轮小组头脑风暴的要求，请同学们以小组为单位进行头脑风暴，并且做好讨论的记录，限时20分钟，讨论的内容是"要探究植物在固持水土中发挥的作用及其机制，你们认为需要解决哪些关键问题或者关键的操作步骤？"在这一轮头脑风暴过程中，教师深入每个讨论组巡视，并记录下各个小组讨论的内容，但是，不与小组有任何的交流。

头脑风暴结束后，教师请各个小组派出一位组员来陈述本组的讨论结果。教师根据小组的陈述和自己的巡视记录，对学生们的讨论结果做出梳理与总结，包括对学生们讨论成果的肯定、给予学生们适当的鼓励、提出存在的问题或不足等。

(3)教师提出第二轮小组头脑风暴的要求并做出一些提示。教师讲述"请同学们以小组为单位进行第二轮头脑风暴,可以利用信息技术查阅网络资源,并且写出小组的设计方案,包括成员分工、假设、设计模型的数量、具体的实施步骤、预期结果和信息资源的来源,限时30分钟"。然后教师在白板上或者教师的"分享空间"上写出一些小提示,即头脑风暴要讨论三个关键问题:第一个问题是根据植物的根、根系和凋落物的特征,思考如何从给定的器具和材料中筛选必要的物品来构建植物根系模型或凋落物装置,第二个问题是如何构建一个能够有效探究植物固持水土的模型,第三个问题是设计出可行的方案来收集和分析数据。通过解决三个关键问题,最终阐明植物是如何发挥保持水土的功能的。

学生们进行头脑风暴时,教师巡视,深入到各个小组听取讨论内容,进行必要的指导。根据各个小组的实际情况,可以运用提问的方式给予进一步的提示,例如,"使用塑料吸管可以模拟植物的哪个结构?""羽毛线和毛绒线有什么区别?它们分别可以模拟植物的哪种根呢?""在真实世界中,凋落物会随着降水、风力等作用而发生位移,如何模拟这种情形?"

教 学 提 示

这个"植物的威力"项目的首要教学目标就是让学生能够独立地发现并写出植物在水土保持中的作用及其机制,而且要求学生能够分别从植物的地上部分和地下部分两个角度来阐明作用和机制。毫无疑问,这个教学目标的实现是有一定难度的,对于学生而言,也是非常具有挑战性的。

为了实现这个教学目标,教师采取引导发现式教学模式,并且让学生们亲自动手,通过探究活动来"发现"知识。在教学实践中,一方面给学生创设真实的情景、提供独立了探究学习的空间和时间,另一方面,教师的"支架"作用也是至关重要的。

在本书提供的教学案例中,为了保护和激发学生们的"发现"潜能,教师设计了两轮小组内的头脑风暴。第一轮头脑风暴允许学生们在不受任何思维边界限制的情况下自由讨论，教师作为完全的观察者，不参与任何讨论，头脑风暴结束后又给学生们提供了共享讨论成果的机会（就是教师对学生讨论和巡视记录的梳理与总结），帮助学生们清楚地了解到其他同伴是如何思考这个问题的。在第二轮头脑风暴时，教师转变了角色，一方面在头脑风暴开始前就明确地给出了"提示"，把解决问题过程中的若干"关键问题"告诉学生们，另一方面，教师作为参与者，融入每个小组的讨论。经过这样的两轮头脑风暴，学生们既保持了探究的好奇心和兴趣，又能够从"漫无边际"地迫切寻找问题答案，再到"有的放矢"地逐个攻破关键问题，并且在头脑风暴后能够写出初步的问题解决方案，这对于促成学生最终"发现"知识是非常重要的。

（4）教师继续提出组间头脑风暴的要求，即"小组之间进行自由交流和讨论，可以是全组成员集体参与头脑风暴，也可以是不同组的个别成员之间交流和讨论，小组也可以选择不参与组间头脑风暴，如果有其他组邀请，有权利选择拒绝讨论。教师也是组间头脑风暴的资源。小组必须做好头脑风暴的记录，包括是否决定进行组间头脑风暴及理由、选择头脑风暴的对象及理由、头脑风暴的进展情况与成果等。全过程限时30分钟"。

在这个环节，教师深入各个小组，与学生们一起评价模型的可行性、优点与不足之处。教师巡视每个讨论组时，可以从每组中挑选较为沉默的学生进行提问，例如，"如何模拟植物叶片对水的截留？""这个模型是如何模拟植物根系结构的？""这两个模型有什么区别？哪个可能更有效？"然后询问其他学生是否认同回答，需要做哪些补充。

教 学 提 示

在本教学案例中，同样设计了组间头脑风暴，但是规则与"水土流失"项目中的组间头脑风暴完全不同。在"水土流失"项目中，组间头脑风暴的规则是分工相同或相似的各组成员进行交流和讨论，实质上是教师强制了学生们与

> 他人（由于学生们往往找自己比较熟悉的同学组建小组，而不愿意与不熟悉的同学合作，但是在真实世界中，与陌生人合作是不可避免的）必须进行交流，而且还限定了学生们交流讨论的"人力资源"的质量。在"植物的威力"这个项目中，教师制定的规则更像是一道不定项选择题，学生们可以选择小组集体讨论、可以选择个人讨论，甚至还可以选择不讨论，并且有权利做出"拒绝"，制定这样的规则的目的在于：（1）让学生们自己决定是否需要与他人讨论，（2）如果遇到困惑，如何寻找有效的资源，（3）如果遭到拒绝，如何调整自己的状态和寻找到应对的办法。

✓ 积累与创造环节

（1）头脑风暴结束后，各小组对模型进行测试，然后根据测试的情况对模型进行改进和优化。在这个过程中，教师提醒同学们佩戴口罩和手套，穿着实验服，使用环刀、镊子、玻璃器皿等器具时注意安全。教师巡视，观察并记录好各组的进展、存在的问题、解决问题的办法，这些信息将用于分享和评价环节。同时，教师要对各个小组进行提问，例如"构建这个模型时，你们认为最难的问题是什么？你们决定怎么解决呢？""这个模型能够模拟现实世界的哪些情况？还有什么情况是模型无法做到的？"

根据各个小组的进展情况，教师可以适时利用信息技术（例如平板电脑或者教室屏幕）呈现出各小组探究过程暴露的共性问题，展示个别小组的精彩环节（包括成功和失败的过程）以及阶段性的作品，同时，教师运用提问的方式引导学生们思考如何解决问题？模型可以怎样改进和优化？其他小组的成功经验能给你们小组带来什么启发？

（2）各小组确定了最优模型后，开始定量测定植物减缓水侵蚀的效果，记录测量过程的数据。教师巡视，进行个别指导。如果需要，依然运用提问的方式进行提示，例如，"模型测量的可重复性如何？""在测量过程中，有哪些变量需要控制？你们是如何控制的？""你们是否需要区分植物地上部分和地下部分的作用？如何收集数据以区分植物的地上部分和地下部分的作用？"

(3）学生整理和分析数据，结合自己设计的模型，从数据中归纳出植物固持水土的机制。教师巡视，并针对数据分析进行指导，例如，"收集到的数据能够检验你们的假设吗？""你们要对收集的数据做何种处理？"

教 学 提 示

在"植物的威力"项目中，学生们不仅要能够用双手创造出模拟植物和土壤的模型，而且要把模型用起来，以帮助自己探讨作用机制，更具有挑战性的是，学生们还要从这些过程中收集到有价值的数据来检验自己的预测。那么，"收集数据和使用数据"是学生们需要具备的能力。教师可以事先对学生的数据分析能力进行评估，也可以从"水土流失"项目中获取一定的了解，然后考虑是否有必要给学生提供数据收集和数据分析方面的辅导或者专题培训。

✓ 分享与评价环节

（1）待每个组完成测量后，教师宣布停止学习活动。请各小组收拾好实验台上的器具和材料，将教室清理干净（有关及时清理实验台和清洁教室的教学行为说明，请参见"水土流失"项目的"分享与评价"环节的教学提示），准备进入分享与评价环节。

（2）各小组整理学习的"发现"结果，并利用技术制作本组的汇报展示作品。由于课堂时间有限，学生们可以在课后完成这项工作。

（3）教师宣布分享和评价的规则，以答辩会的形式进行。每个小组指定一名成员代表本组展示发现的过程，包括假设、模型设计方案、模型改进与优化的过程、数据的收集和分析、作用和机制的阐述、组员分工、组间交流、学习反思。教师不限定作品和汇报展示的方式，口头陈述、使用PPT或者制作海报展示都可以。

教师主持答辩会，限定每组汇报的时间和提问环节的时间。每个小组汇报完毕后，都要接受来自其他小组和教师的提问，小组根据问题派出不同的组员做出回答。教师和每个小组依据项目评价表（请见"植物的威力"项目小组评价表）对其他小组的分享表现进行客观评价。

● **教学结尾**

（1）答辩会结束后，教师需要从三个方面做好结课工作。第一项工作是对学生们的发现学习过程进行点评和总结。这个点评和总结不仅仅是针对答辩环节，还要结合学生们头脑风暴环节教师巡视时所作的记录对整个项目学习过程中学生们的表现做点评和总结，并且引导学生们进行反思学习。

第二项工作是结合学生们的汇报和展示作品，带领学生们一起思考和归纳工程设计的一般流程。

第三项工作是针对学生们发现的知识，教师讲解这个项目的设计能够从两个方面验证植物在水土保持中的作用及其机制，一方面是从植物的地上部分角度看，植物地上部分的覆盖能够减少到达地面的有效降雨量，削弱水的势能，从而降低水对土壤表面的侵蚀，另一方面是从植物的地下部分来看，分布于地表的植物根系和植物凋落物能够降低地表径流的速度，分布于地下的植物根系能够缠绕固结土壤，同时能改善土壤团聚结构和孔隙状况，从而增加土壤的渗透性和抗冲性。

教 学 提 示

本项目的教学案例采用引导发现式教学模式，由学生自己发现知识是项目学习的重点内容。因此，在整个项目学习过程中，教师要为学生们创造探索发现的实质性机会，提供支撑有效探索发现的各种资源，保证探索发现不流于形式。在学生探索活动结束后，教师还必须对所设计要发现的知识进行讲解，避免"探索而无发现"或者"发现的知识是不科学、不专业"的情况出现。此外，教师还需要注意是否有小组提出了超出教学目标提供的"发现"内容，可以引导全班进行讨论，激发学生们的创新思维和批判思维。

（2）每位学生填写学习单上的"六、发现与反思"表格（请见"植物的威力"项目学习单）。

（3）每位学生依据自我评价表对自己进行客观评价（请见"植物的威力"项目自我评价表）。

● 教学评价

✓ 评价时间：

（1）课堂上的分享与评价环节。

（2）项目学习结束之后。

✓ 评价任务：

（1）小组评价（请见"植物的威力"项目小组评价量表）。

（2）自我评价（请见"植物的威力"项目自我评价量表）。

（3）他人评价（请见"植物的威力"项目学习单）。

（4）专家评价，教师将评价意见写在学生的学习单"七、教师评语"上。

3.3.3 项目设计解析

□ **教学目标设计解析**

本书设计的 STEM+课程的课程目标包括七个方面（请见第 2 章"STEM+课程目标设计"部分），这七个课程目标在"植物的威力"项目中都得到了体现。

"植物的威力"项目的教学目标设计采用"逆向教学设计"的方法，即在选定项目学习的主题后，以 STEM+课程目标为参照系，从预期的学习效果出发，逆向追溯教学目标（请见第 2 章的"STEM+课程目标设计"的相关内容），并按照布鲁姆认知领域目标分类法从不同层级或维度构建教学目标体系。

从本项目的设计和实施过程来看，课程目标"（1）能够增强对人类、自然和社会现象的兴趣和好奇心"能够通过项目的实施得以落实。学生们对人类、自然和社会现象的兴趣和好奇心融合在他们对项目任务的兴趣中，教师创设的情景、设计的具有启发性的问题、提供的有趣的项目学习材料都不断地激发和维持学生们的兴趣和好奇心。

课程目标"（2）能够理解人类、自然和社会的相互作用及其产生的多维度效应和综合影响"和"（7）能够尊重差异、适应变化、愿意承担促进可持续发展的社会责任感"在本项目中具体是指学生能够通过对探索发现植物在固持水土中的作用和机制，进而认识和理解人类行为（如植树造林、滥砍滥伐）对自然环境和人类社会的影响，并能够反思自己的行为对生态环境和社会环境的影响。该课程目标具体化为教学目标"（4）学习者能够对项目学习活动的产品和发现做出恰当的价值判断与评价"。

课程目标"（3）能够掌握科学探究和工程设计的流程"包含的科学探究和工程设计在本项目中都有体现。学生们设计的模型从无到有、从理论模型到实物产品，就是对工程设计流程的体验。学生们利用自己设计好的模型来验证"植物在固持水土中的作用和机制"的假设、得出结论或规律，就是对科学探究流程的体验。该课程目标具体化为教学目标"（2）学生能够合作设计出模拟植物固持水土模型"和"（3）学生能够运用自己创造的模型等产品成功探索出植物在水土保持中的作用及其机制"。

课程目标"（4）能够运用跨学科思维、逻辑推理以及多学科知识和技能分析解决现实问题"和"（5）发展批判质疑、反思、创新创造以及沟通合作、自我管理的能力"的达成依赖于本项目的四个教学目标的实现以及小组合作学习的开展，尤其是教学目标"（1）学生能够独立写出植物在水土保持中的作用及其机制"的达成能够充分实现了上述两个课程目标。

根据布鲁姆认知领域目标分类法，上述教学目标（1）涉及领会、应用和分析层面，教学目标（2）归于综合层面，教学目标（3）和（4）属于评价层面，这些教学目标的实现，既需要学生使用简单的、低阶的思维，也需要运用复杂的、高阶的思维。

□ **教学设计分析**

本项目围绕着"植物在固持水土中的作用及其机制"开展，其中蕴含着学科知识概念、原理和机制，对原理和机制的认识与理解是本项目学习的重点内容之一。原理和机制是较为隐蔽性的、抽象的知识，对原理和机制的发现需要学习者在准确理解已有事实、概念等知识的基础上进行综合分析，因此，任何旨在认识和理解原理与机制的途径，比如科学研究，都是为这个目的服务的。为此，本项目没有选择活动设计，而是选择了教学设计（见第 2 章"STEM＋课程教学设计与活动设计"部分）。相对于活动设计，在教学设计中，教师的主体性较为明显，教师的讲解也是促进教学目标达成的一个重要手段。读者在本项目的教学案例中，可以十分清晰地看出教师的主导地位，发现教师所使用的各种策略，比如教师运用讲解、演示等教学策略来阐述植物结构的相关概念，把知识直接呈现给学习者，对关键问题做出说明和解释；再比如，教师使用的结课策略，在项目学习结束时教师讲述了植物在固持水土中的具体作用及其机制。

□ **引导发现式教学模式的应用**

基于对这个项目学习的教学目标和教学设计选择的分析，本项目的教学案例采用了引导发现式教学模式，也就是，在教师的引导下，由学习者自己发现植物在固持水土的作用及其机制。选择引导发现式教学模式有两个目的，一方面是促进学习者深刻理解原理和机制，另一方面为学习者提供运用高阶思维技能的机会和氛围。

从本教学案例的实施过程来看，既有引导发现式教学模式的特色，也有探究式教学模式的特点。事实上，为了充分发挥引导发现式教学模式的作用，增强该教学模式与项目学习融合的效果，笔者将这两种教学模式进行了整合，即以引导发现式教学模式为主，融入探究式教学模式的主要环节。具体的教学设计处理如下：第一，在引导发现的过程中引入了探究式教学模式的主要环节，即创设情景、启发思考、自主探究、协作交流，使教学过程更加具体，便于教学管理，促进项目学习目标的实现；第二，项目学习的过程既是学生独立发现的过程也是学生主动探究的过程，为了达成"发现"知识的教学目标，教师对学生探究的过程进行了适当干预，比如提示关键问题等，引导学生朝着教学目标的方向探究，提高项目学习的效率；第三，在"发现"过程结束时，设置教师结课，加强项目学习中学生对知识的理解与掌握。

在进行教学模式整合之前，教师有必要厘清两种教学模式的异同之处。从形式上看，引导发现式教学模式与探究式教学模式具有相似之处，都为学习者提供自己"发现"的机会，但事实上，引导发现式教学模式与探究式教学模式之间存在着明显的差别。首先，两种教学模式中让学习者"发现"的内容是不同的。引导发现式教学模式旨在让学习者发现课程学习的知识，而探究式教学模式中学习者"发现"的内容可能是课程学习的知识，也可能是课程学习之外的"意外发现"，让学习者充分体验发现的过程才是探究式教学模式的主要目的。其次，引导发现式教学模式是教学的一部分，如果"发现"过程所消耗的时间过长，可能造成学习者过于沉浸在项目学习的过程，却忽视了学习的内容，造成本末倒置，从而不利于教学目标的达成。探究式教学模式则可以允许学生反复的探索、经历多次的失败，这也恰恰符合科学研究的真实过程。

☐ **跨学科整合设计**

"植物的威力"项目主题的教学目标达成离不开工程、生态学、科学、物理、数学学科的知识和技术。具体而言，植物固持水土模型的设计过程是典型的工程设计流程，学习者要考虑材料的适用性、模型建构的科学性和可行性等因素，通过不断调试模型材料、测试时的固定方式等条件，获取最优模型。利用模型探索作用和机制就是典型的科学研究的工作内容，需要学习者按照科学探究的流程来完成。在工程设计的过程和科学探究的过程，都涉及物理学和数学的知识。这个项目要解决的"植物在固持水土中的作用及其机制"问题属于生态学范畴，需要大量的生态学知识。总的来看，多个学科的"按需"整合使得该项目成为一个典型的跨学科项目。

3.3.4 项目拓展方向

本项目的教学案例采用了引导发现式教学模式，引导学生从植物地上部分、地下部分（主要是根系）和地表凋落物三个角度发现植物在固持水土中的作用及其机制。教师可以根据具体情况将本项目改为活动设计，开展探究性学习，探究的问题诸如"比较直根系与须根系植物固持水土能力的差异""植物生长各阶段固持水土效果的比较"等。教师还可以从其他视角来拓展这个项目，譬如，引导学生深入探索"植物的不同结构在水土保持方面的效果"。

3.3.5 "植物的威力"项目学习单

一、概念词典

1. 不定根：是指在植物的茎或者叶上所发生的根。不定根不是由胚根直接或间接发育而成，没有固定的着生部位。不定根能够发挥固着或者支持植物的作用，还具有扩大植物吸收面积的功能。

2. 侧根：植物的主根生长达到一定的长度，在主根一定部位上侧向地从根的内部组织生长出的根。在主根上生出的侧根称为一级侧根或次生根，在一级侧根上生出的侧根称为二级侧根或三生根。侧根的生长在一定程度上受到主根的抑制。

3. 凋落物：是指散落在地表的死亡和分解的植物枯枝落叶，是植物枯死部分自然脱落，或者由于外力的作用（如风力、动物践踏等）而脱离母株的植物部分。

4. 根状茎：也称根茎，是一种地下的变态茎。通常指水平生于地下的植物茎，具有明显的节和节间，先端生有顶芽，节上通常有退化的鳞片叶和腋芽，并常生有不定根。

5. 根系：是一株植物全部根的总称，可分为直根系和须根系。

6. 径流：是指降雨及冰雪融水或者浇地时，在重力作用下沿地表或地下流动的水流。按流动方式可分为地表径流和地下径流，地表径流又分为坡面流和河槽流。

7. 土壤侵蚀：是指土壤及其母质在水力、风力、冻融或重力等外力作用下，被破坏、剥蚀、搬运和沉积的过程。

8. 须根系：主根出生后不久便停止生长或死亡，在胚轴和茎基本的节上生出许多粗细相等的不定根，再由不定根上生成侧根，整个根系外形成絮状，这样的根系称为须根系。单子叶植物的根系属于须根系。

9. 直根系：主根发达、明显，且极易与侧根相区别，由这种主根及其各级侧根组成的根系，称为直根系。大多数裸子植物和双子叶植物的根系属于直根系。

10. 主根：是指植物种子萌发时，首先突破种皮而向外生长、不断垂直向下生长的部分。

二、第一轮头脑风暴记录单

请根据教师提供的实验器具和材料，探究植物在固持水土中发挥的作用及其机制。请你与小组其他成员开展讨论，要完成探究任务，需要解决哪些关键问题或者关键的操作步骤。请将你的想法和小组讨论的成果记录在下方的表格内。

你的想法：

小组头脑风暴记录：

小组讨论的成果：

三、第二轮头脑风暴记录单

请根据第一轮头脑风暴的成果和教师的提示，将小组的设计方案写在下方的表格内。

拟选用的实验器具和材料：
拟定假设：
概述模型及设计思路：
拟采集的数据及数据收集与分析方法：
组员分工：

四、组间头脑风暴记录单

组间头脑风暴的决定及理由：

选择头脑风暴的对象及理由：

组间头脑风暴的进展记录：

小组设计方案改进或优化的情况：

五、设计方案的实施

1. 方案实施记录单

选用的实验器具和材料：

提出假设：

描述模型及设计思路：

设计实施步骤及必要数据记录：

组员分工：

2. **方案实施的结果与分析**

请使用文字、图、表、模型等形式呈现小组的探索发现,并对发现结果进行必要的解释与说明。

六、发现与反思

请在表格中记录下学习过程中，哪些同学给你留下了深刻印象？为什么？你有哪些发现？这些发现对你方案的设计、实施和最终完成有什么启发与帮助？

七、教师评语

3.3.6 "植物的威力"项目小组评价量表

评价人：_____

评 分 标 准	非常好	良 好	有待提高	得 分
1. 组员陈述清晰，富有逻辑性。	4—5	2—3	0—1	
2. 设计的方案合理且可行。	4—5	2—3	0—1	
3. 方案实施过程操作简便、耗材较少，人力资源使用合理。	4—5	2—3	0—1	
4. 小组能够有效使用技术辅助模型设计。	4—5	2—3	0—1	
5. 设计的模型具有一定的艺术性。	4—5	2—3	0—1	
6. 充分利用数据解释现象。	4—5	2—3	0—1	
7. 能够根据设计的方案获得科学发现。	4—5	2—3	0—1	
8. 能够用专业术语、科学、严谨的语言表述植物在固持水土中的作用及其机制。	4—5	2—3	0—1	
9. 学习成果展示方式简明、有效。	4—5	2—3	0—1	
10. 对同行评议的答复和辩解令人满意。	4—5	2—3	0—1	
11. 组员之间能够有效、和谐地合作。	4—5	2—3	0—1	
总 分				

备注：教师可以根据具体项目情况调整表格的内容、评价标准和分值。

3.3.7 "植物的威力"项目自我评价量表

评价人：_____

评 分 标 准	非常好	良 好	有待提高	得 分
1. 能够准确描述和理解概念。	4—5	2—3	0—1	
2. 能够提出科学假设。	4—5	2—3	0—1	
3. 能够识别问题中蕴含的多学科知识。	4—5	2—3	0—1	
4. 能够控制变量，完成模型设计。	4—5	2—3	0—1	
5. 能够提出不止一种模型设计方案。	4—5	2—3	0—1	
6. 能够考虑到模型产品的艺术效果。	4—5	2—3	0—1	
7. 能够准确测量并记录结果。	4—5	2—3	0—1	
8. 能够进行科学解释和推断，结论准确。	4—5	2—3	0—1	
9. 能够预期到可能的发现结果。	4—5	2—3	0—1	
10. 能够采用有效方式展示学习成果。	4—5	2—3	0—1	
11. 能够与组员配合有序、合作高效。	4—5	2—3	0—1	
12. 能够与他人有效沟通。	4—5	2—3	0—1	
13. 能够在合作中有效地管理自己的情绪。	4—5	2—3	0—1	
14. 能够包容、接纳他人的不同意见、消极情绪等。	4—5	2—3	0—1	
总 分				

备注：教师可以根据具体项目情况调整表格的内容、评价标准和分值。

3.3.8 "植物的威力"项目评价量表

评价人：_____

评 分 标 准	是	否
1. 项目能够模拟"现实世界"，或者解决真实世界中的问题。		
2. 项目中的问题和过程步骤是成年人能够解决和操作的。		
3. 项目问题对学生有现实意义或价值。		
4. 学生能够独立地实际操作项目的实施步骤，或者使用到学生自己的想法或者发明创造的产品。		
5. 项目问题的解决方案有不止一种可能的正确答案。		
6. 项目问题的解决具有一定的复杂性。		
7. 项目能够提供学生向真实观众展示他们自己或他们的成果的机会。		
8. 项目的内容与课程标准或学校教育的内容相关。		
9. 项目具有明确的培养学生知识和技能的目标。		
10. 项目具有核心概念和具体的知识、技能。		
11. 项目的实施需要到使用核心概念、知识和技能，并且能够将核心概念、知识和技能用于解决现实问题。		
12. 项目的实施需要学生使用专业术语，以及科学的、严谨的语言和行为进行交流、表达和操作。		
13. 项目的实施以团队合作为主，项目问题的解决需要学生与他人沟通、合作。		
14. 项目学习中需要学生使用自我管理技能（例如，时间管理、资源分配、制订工作计划等）。		
15. 项目的实施需要学生从教材以外获取信息、数据等。		
16. 在项目实施的过程中教师具有实质性的角色扮演，参与到学生的项目实施和问题解决活动中。		
17. 学生能够就项目内容或问题解决与有经验的成年人进行沟通、讨论。		
18. 项目的评价标准清晰，没有歧义。		
19. 项目评价的内容多样化，不仅评价学生对知识和技能的掌握，还包括高阶思维能力、合作能力、自我管理能力等。		

续表

评 分 标 准	是	否
20. 学生对项目的评价标准熟悉，并且形成清晰的理解和解释。		
21. 项目的实施中需要使用信息技术。		
22. 学生需要使用技术辅助解决项目问题、分享和展示项目成果。		

备注：教师可以根据具体项目情况调整表格的内容、评价标准或分值。

3.4 餐桌上的奇遇

3.4.1 项目内容介绍

- **项目主题的设计**

外来入侵种是如何产生的？生物入侵与人类有什么关联？这两个问题似乎是科学家关心的问题，但实际上与每一个人都息息相关。生物入侵事件包含了生物与非生物环境的相互作用、生物物种之间的相互联系，这些关系都受到了人类活动的影响。生物入侵事件提供了一个思考和探索人与自然是生命共同体的绝佳的素材。这个项目围绕着生物入侵主题，以生物入侵事件为起点、以生态系统观和生命共同体为落脚点来设计，包括三个方面的内容：其一是在课堂内外多样化的活动中学习生物入侵事件涉及的主要学科概念，为学习者理解生态系统观做好知识基础的铺垫；其二是开展合作学习，帮助学习者从跨学科的角度分析生物入侵事件的原因，从不同利益相关群体的视角审视生物入侵的影响，引导学习者理解自然和社会现象，加深他们对"人与自然是生命共同体"论断的理解；其三是以"外来入侵物种历险记"为题材，进行创意写作和创意微电影制作，为学习者提供创意思维、写作、阅读、艺术创作、技术使用等技能锻炼的机会和条件，促进学生输出生态系统观和生命共同体观念，并与实际生活相联系。

- **教学目标**

（1）学习者能够独立撰写出主题创意写作和影评，书写规范。

（2）学习者能够使用技术制作出质量精良、具有艺术价值的创意微电影。

（3）学习者能够利用信息技术搜集和整理资料，归纳出有价值的信息，完成学习单上的课堂活动题1、课外活动题1和题2。

（4）学习者能够从真实世界的复杂问题中分析出关键问题，制定出解决问题的方法，完成学习单上的课堂活动题3。

（5）学习者能够根据多学科的知识，做出合理的预测和推断，完成课堂活动题2。

（6）学习者能够从不同利益相关者的视角分析事件，从跨学科的角度预测生物入侵事件所造成的不同尺度的影响，完成课堂活动题4和创意作品题2。

（7）学习者能够认同生态系统观和"人与自然是生命共同体"，并将其融入创意写作中。

● **教学描述**

这个项目由五个内容组成，依次是物种传播的方式（对应教学节段"物种到达新生境的方式"）、物种对新生境的适应（对应教学节段"外来种的命运"）、外来种成功入侵的机制、外来种入侵的影响、人与自然是生命共同体。教师采用教学设计，运用知识呈现教学模式，以创设虚拟餐厅情景作为教学导入，呈现"扩散""迁移"和"外来物种"的概念。之后进入项目的主体教学部分，每个教学节段设定了一个话题，教师设计课堂内外活动，鼓励和引导学习者逐步完成各个活动，通过参与活动，学习者理解"生物入侵"的相关概念，使用项目学习所需的技能，从而达到本项目的教学目标。

表3-1 本项目教学的主要节段、活动、概念与技能

教学节段	教学活动	概念与技能
导入	虚拟餐厅情景	扩散、迁移、外来物种
物种到达新生境的方式	环球旅行的计划、创意写作†	自然扩散、迁移、无意引种、人为引种
		创新思维、写作
外来种的命运	我是预言家、创意写作†	失败、归化种、入侵种、土著种、原产地、入侵地
		逻辑能力、写作、创新思维
外来种成功入侵的机制	"抢座位"游戏	生态位
		合作能力
	胜利的法宝†、创意写作†	入侵机制假说
		归纳、技术、创新思维、写作
	破解悬疑大案、创意写作†	种间相互作用、人类活动
		科学探究、归纳、推理、创新思维、写作
外来种入侵的影响	土著民的灾难†、创意写作†	生态系统、生态系统服务
		归纳、技术、创新思维、写作

续表

教 学 节 段	教 学 活 动	概 念 与 技 能
人与自然是生命共同体	辩论赛	生态系统服务、生物多样性
		批判性思维、发散思维
	"南北战争"	生物多样性评价
		数据意识
	决策者	生命共同体
		写作、批判性思维
	创意写作†	创新思维、写作
创意作品展示与评选	首映仪式、创意微电影†	写作、技术、艺术、批判性思维
结课	生态系统观、人与自然是生命共同体	批判性思维

注：†表示课外活动。

- **知识类型**

✓ **概念**：归化种；扩散；迁移；生态位；生态系统；生态系统服务功能；生物多样性；生物入侵；土著种；外来种；外来入侵种；种间相互作用

✓ **技能**：写作；信息技术；艺术设计；科学探究；创造性思维；批判性思维；归纳；阅读；沟通；协作

- **项目安排**

✓ **课时**：4—5节课，每节课60分钟

✓ **年级**：高中（也适用于初中和小学高年级）

✓ **涉及学科**：生态学；技术；艺术；科学；经济学；社会学

3.4.2 项目实施过程

● **教学开端**

✓ **预备：**(1) 组建合作学习小组；(2) 分发先行组织者材料；(3) 分发学习单。

✓ **导入：**

(1) **切入话题**。教师创设情景，模拟了一家名为"国际风味"的人气餐厅，打出餐厅的广告语"用五大洲的食材满足你的味蕾"，并展示出了几道招牌菜：沙拉甘蓝、澳洲牛排、干锅牛蛙、油焖小龙虾、香茅草烤罗非鱼、香辣福寿螺。教师提问"从招牌菜的名称来看，这家餐厅是否名副其实呢？"请个别学生表达自己的观点。教师对这个问题进行解释，"如果从食材是否采购自五大洲的角度看，没有实地调查，我们很难做出判断。但是，换个角度看，甘蓝原产于欧洲；澳洲牛排来自大洋洲；牛蛙原产于北美东部，1959年作为食物引入我国；小龙虾又名克氏原螯虾，原产于北美洲，1930年引入我国；尼罗罗非鱼原产于非洲，中国于1978年从泰国引进；福寿螺原产于亚马逊河流域，1981年引入我国。这样一看，广告词似乎是有一些依据的"。

> **教 学 提 示**
>
> 在切入话题环节，为了项目学习的需要，教师创设情景，自己编造了一个"国际风味"的餐厅和广告语，这则广告语"用五大洲的食材满足你的味蕾"可能含有引人误解的内容，根据《中华人民共和国广告法》第四条"广告不得含有虚假或者引人误解的内容，不得欺骗、误导消费者"，因此，教师有必要引导学生们注意广告的真实性，遵守《广告法》，树立维权意识。

(2) **引起关注**。教师利用信息技术展示上述菜单中各个物种的地理分布图，并标注出原产地，讲解"在自然界，所有的生物都会从一个地方迁移到另一个地方，就连我们所见的'不会移动'的树也是如此。植物的种子会以种子雨的方式从母体向地表扩散出去，种子还会借助风的力量、动物移动扩散到更远的地方。像这样，一些个体离开其他个体而远至他处，称为扩散。如果一个物种的大量个体从一个地点迁到另一个地点，称之为迁移。扩散和迁移都是生物群体活动的方式。有时，某个物种的一些个体或者群体扩散或迁移到了新的环境，这些新环境超出了它们自然分布的范围，来到新环境的这些个体或者群体就被冠以新的名字，叫做'外来物种'，简称'外来种'"。教师提问"请同学们想一想，外来种到达新生境后，它们的命运如何？它们又会有什么样的奇遇呢？"

（3）**陈述目标**。教师陈述学习任务，"在这个项目学习中，我们要来探究外来物种的命运，以生物入侵事件为案例，学习生态系统的相关知识，在项目学习结束时，每位同学都将完成一个有关'外来物种历险记'的创意写作，经投票选出最佳创意写作奖。然后小组讨论制作一个时长3—15分钟的创意微电影，并筹备创意微电影首映式，大家投票选出最佳影片奖"。

教 学 提 示

创意写作是指以写作为样态，以作品为最终成果的创造性实践活动。创意写作能够激发学生的想象力，培养学生的抽象思维能力、逻辑思维能力，促进学生将想法转变为现实。创意写作的实践能够帮助学生基于不同的假设来考虑一个事件的多个方面及其之间的相互联系，对于学生理解种间相互作用，形成生态系统观，认同"人与自然是生命共同体"和"人类命运共同体"的理念具有促进作用。这些内容也正是本项目学习的目标。

为此，教师设计了创意写作，并将其贯穿于整个项目。在本项目的导入环节，教师提供了创意写作的主题，即"外来物种历险记"，要求学生充分发挥想象力，结合生态学、经济学、社会学等多学科的知识，撰写一个结构完整、情节逻辑性强的创意故事。项目学习的每个环节都将为创意写作奠定相关的知识基础，教师也会在各个环节结束时，提示学生们完善自己的作品。

创意写作对学生们来说既是一个令人兴奋的活动，也是一个极具挑战性的学习项目，创意写作过程的体验和最终作品的质量都将对学生们的创意思维和创意体验产生影响。为了给学生们提供良好的创意体验、在项目学习结束能收获质量较好的创意作品，教师根据项目学习的内容和进展设计了课堂活动和课外活动，每一个活动都需要学生们动手书写，整理和记录自己的观点，从而为创意写作做好写作相关的积累。

写作离不开阅读和交流，它不是一个"闭门造车"的行为。本项目的活动需要学生们使用互联网技术查阅资料、阅读科技文献、与同伴互动和交流想法。此外，在学习单上还设计了"创意灵感涂鸦"，方便学生们随时记下自己的灵感。通过以上设计，推动学生们积极思考、主动写作，将点滴的思路汇集成最终的作品。

● 教学主体

✓ 物种到达新生境的方式

(1) **环球旅行的计划**。教师展示一幅世界地图，地图上标出了牛蛙（*Rana catesbiana* Shaw）、克氏原螯虾（*Procambarus clarkii*）、尼罗罗非鱼（*Oreochromis niloticus*）、福寿螺（*Pomacea canaliculata*）的原产地，让学生们充分发挥想象力，尽可能多地写出这些物种从原产地到达中国的方式，预测各种方式在旅途中所耗费的时间，并将自己的创意想法记录在学习单上。然后，小组头脑风暴，讨论出真实世界可以实现的旅行方式和最具有创意的旅行方式，各小组选派出代表陈述本组的观点和创意想法，接着全体学生投票选出最符合真实世界的旅行方式和最具有创意的旅行方式。

(2) **自然扩散和迁移、无意引种和人为引种**。教师从自然扩散和迁移、无意引种和人为引种三个方面总结外来物种形成的原因。例如，教师讲述物种能够通过扩散、迁移的方式到达新生境，使用这两种方式离不开风的作用、水体的流动以及其他生物（如昆虫、鸟类等）的传带帮助，物种的扩散和迁移是自然界非常普遍的现象。

教师举例子讲述一些物种如海藻、鱼、牡蛎、霍乱弧菌等可以随着压舱水进入船舱，这些物种就沿着船舶运输的路线来到了新天地。从古代的丝绸之路到今天的"一带一路"，无论是火车、飞机还是航运，甚至是海洋垃圾，都成为物种在全世界扩散和迁移的载体，人类虽然无意，物种却"搭便车"成功地实现了环球旅行。

最后，教师举例讲述人类已经成为其他物种周游世界的重要帮手。以甘薯[*Dioscorea esculenta* (Lour.) Burkill]为例，甘薯原产于墨西哥以及哥伦比亚、厄瓜多尔到秘鲁一带的热带美洲，随着哥伦布发现新大陆，甘薯从美洲被带回了西班牙，后来引种到了东南亚一些国家和岛屿，再传至亚洲各地，如今，甘薯的栽培面积以亚洲最多，非洲次之，美洲居第三位。平日里，我们吃到的番茄、罗氏沼虾、淡水白鲳，见到的芦荟、红花酢浆草、巴西龟和清道夫鱼也都是人为从其他地区引种到中国的。

教师可以展示全球或者区域范围内自然扩散和迁移、无意引种和人为引种的历史数据，引导学生们关注人类行为对物种扩散和迁移的影响。

✓ **外来种的命运**

(1) 我是预言家。教师设计一个"我是预言家"的小游戏，借助信息技术展示一些物种的原产地分布图，让学生们开展小组头脑风暴，预测这些物种能够到达的新生境的范围和它们的命运，并给出自己推测的理由，然后把答案记录在学习单上。

在小组头脑风暴的过程中，教师巡视，倾听各个小组的讨论，根据讨论的深度和进展，从地理区域、气候带、地貌、食物链等角度给学生们提示。头脑风暴结束后，各个小组派出代表陈述本组讨论的结果。

(2) 时运不济。在听取了小组汇报后，教师讲述许多物种到达新生境后会遭遇生长困难或者繁殖失败的问题，最终难逃灭种之灾。例如，在寒冷的北方地区引种南方的热带植物，如棕榈科、榕树属植物，往往会失败，这是由于植物生长的分布区域具有明显的地带性，地理区域、气候因素都会影响植物的存活。即便是遇到暖冬或者人为提供过冬保暖措施使得这些引种的植物侥幸逃过一劫，但是巨额的人力、财力和物力投入又能够使这些生命维持多久呢！大自然潜在的风险是人为引种时不容忽视的事情。

再比如，原产于新大陆热带雨林的某种兰花与它的专一性传粉伙伴蜜蜂经历了长时间的协同进化。兰花作为观赏性植物，被独自被引种到新的环境，由于其协同进化的蜜蜂缺失,兰花也将无法繁殖。

(3)归化种。教师继续讲述有些物种从原产地漂洋过海来到新生境,能够幸存下来。在经历了较长时间的适应与进化,它们还能够融入当地的动植物区系中,成为当地生态过程中的一个组分,并且不会引发生态灾难。我们把这样的外来物种称为归化种。教师还可以展示植物的图片,举例我国的归化种,如原产于墨西哥及中美洲的角胡麻（*Martynia annua*）、产于美洲热带至亚热带地区的肥根兰（*Pelexia obliqua*）,进一步激发学生们对大自然的兴趣。

(4)入侵种。教师选择导入环节的外来物种作为案例,讲解外来种的第三种命运,即成为"外来入侵种"。例如,教师讲述克氏原螯虾就是我们熟悉的小龙虾,原产于墨西哥东北部和美国南部,目前,它的足迹已经踏遍除南极洲和大洋洲以外的所有大陆。1927年日本从美国新奥尔良引进了小龙虾,作为牛蛙水产养殖和宠物的食品。1929年,日本人把小龙虾带到了中国南京,小龙虾便迅速传播至中国大部分的省份。小龙虾在新的定居点成功建立了种群,开启了新生活。可是,小龙虾并不是一个友善的新邻居,它会捕食当地的动物和植物,把随身携带的病原生物传播给其他的物种,小龙虾所到之处可谓是灾难不断。对当地的一些物种而言,小龙虾就像一个侵略者,挤占本地物种的生存空间、抢夺它们的食物。像小龙虾这样的外来种,从原产地迁移到新的生态环境中,定居、自行繁殖和扩散,并且严重影响了当地的生态环境,损害当地生物多样性的物种,我们称之为外来入侵物种,简称为入侵种。

教 学 提 示

本项目中,教师可以展示丰富的生物案例,讲述物种引种的故事,帮助学生们理解相关的知识概念和生物学过程,增强学生们对大自然的兴趣以及对生命的尊重与热爱。

教师可以利用互联网查找生物物种的信息,例如,中国科学院植物研究所开发的"植物智"（www.iPlant.cn）、中国科学院动物研究所上线的中国入侵动物数据库（http://alien.especies.cn/），中国国家标本资源平台（http://nsii.org.cn/2017/home.php），英国皇家植物园——邱园（https://www.kew.org/），全球生物物种名录（Catalogue of Life，http://www.catalogueoflife.org/）等。

(5) **生物入侵的相关概念**。在"我是预言家"的活动结束后，教师补充生物入侵相关的概念，帮助学生们掌握专业术语，为后续的创意写作奠定基础。例如，教师讲述"与外来种相对应的物种称为土著种，土著种是指长期生活在某地区的物种，也可以称为本地种。土著种生活的地区称为土著种的原产地，从入侵种的视角看，这些地区又称为入侵地。譬如，牛蛙原产于美国东部的一些州，这些州称为牛蛙的原产地，牛蛙是这些地方的土著种。后来，牛蛙被引种到美国西部各州、中国等其他国家，在新引种的这些地方，牛蛙能够正常生长和繁殖，建立了种群，并且对当地的生态系统和经济社会等诸多方面产生了不良影响，那么，美国西部各州、中国以及其他国家就被称为牛蛙的入侵地。生物入侵正是指生物由原产地经自然或人为的途径侵入另一个新的环境，对入侵地的生物多样性、经济、人类健康造成损害，甚至引发生态灾难的过程"。

课堂活动结束，教师提醒学生们构思"外来物种历险记"的创意写作，并将自己所有的创意想法，哪怕是碎片化的、不连续的想法，都记录在学习单的"灵感涂鸦"上。

✓ **外来种成功入侵的机制**

(1) **"抢座位"游戏**。教师设计一个改编版的抢座位游戏，取出六把椅子，在教室中央围成一个圈。接着，教师拿出写着"1号"和"2号"的扑克牌，事先规定好1号代表入侵种，2号代表土著种，然而学生们都不知道号码所代表的含义。教师让每位学生随机抽取一张扑克牌，并在椅子外层围起一个大圈。接着，教师宣布游戏规则，抢到座位数多的号码组将获胜。接下来，游戏开始，教师提醒同学们注意安全，然后教师喊"走"，学生们绕圈朝着一个方向走，当教师喊"停"，学生们就去抢座位。每一轮游戏结束后，教师请学生们出示自己手中扑克牌的号码，并在黑板上记录持每种号码抢到座位的人数。最后教师揭秘号码代表的含义，座椅代表有限的资源，通过游戏，让学生们体验和了解入侵种与土著种竞争资源的过程，如果入侵种能够率先抢占到资源，那么，它们在入侵地的生存就会有很大的胜算。

(2) **生态位**。在体验了"抢座位"游戏之后，教师讲述"生物体对生境资源具有一定的需求，例如，许多动物物种要生存，需要有特定界限的巢穴，这是它们对空间资源的需求。一些蝴蝶的幼虫取食西番莲属植物的叶片，而有些蝴蝶，比如黑脉金斑蝶专食萝摩科植物，这是它们对食物资源的需求，而且在取食方面存在错位。生物体对环境条件也具有一定的耐受性，譬如，动植物对热很敏感，而一些细菌，如栖热水生菌则能够在67℃的环境中生长，并且能耐受79℃的高温。在自然界，生物体对资源环境的需求和耐受是相互作用的，这两个方面的相互作用决定了生物个体和物种的生存范围。人们把这种相互作用称为生态位，每一个个体和物种都有自己的生态位。入侵种能否成功入侵，与这个物种或者个体的生态位有密切关系，比如，具有广幅生态位的物种更容易成功入侵，因此，生态位理论也被用来预测物种的入侵性"。

(3) **胜利的法宝**。针对这一个环节的项目学习，教师提前布置课外学习活动，让学生们开展小组合作，在互联网上查阅和搜集有关外来物种入侵机制的资料，经过小组讨论，归纳和整理材料，完成学习单上第三部分课外活动"1. 胜利的法宝"的内容。在课堂上，教师请各小组的代表汇报合作学习的成果。教师针对学生们的学习成果，引导学生们归纳外来种成功入侵的策略，比如入侵种具有广幅生态位，在入侵地摆脱了原产地自然天敌的控制等。

教 学 提 示

生物入侵已经成为全球性的问题，科学研究人员一直致力于探索入侵种在原产地以外生境成功入侵的机制。50年来，已经有近30种不同的假说被提出来用于解释生物入侵现象，但是，任何一种假说都无法单独地解释普遍存在的生物入侵现象，甚至还出现入侵机制因种而异。在本项目中，列出了五种适用于解释我国境内的生物入侵的假说,供教师开展项目学习设计时使用。

内禀优势假说(Inherent superiority hypothesis):该假说指出外来物种具有入侵潜能,表现出一些内禀优势特征,如形态、生理、生态、遗传和行为等具有较强的竞争力。譬如,松材线虫(*Bursaphelenchus xylophilus*)是一种会导致松树针叶变色,停止分泌树脂,木材发生蓝变的寄生虫。松材线虫原产于北美洲,主要通过天牛和带虫木材传播,1982年首次在我国南京中山陵发现。松材线虫比我国土著拟松材线虫(*Bursaphelenchus mucronatus*)具有更强的繁殖能力、生态和生理适应能力,快速取代土著种,成为我国针叶林的"头号杀手",几乎毁灭了香港广泛分布的马尾松。随着松材线虫的扩散,黄山、张家界等景区的天然针叶林也面临巨大的威胁。

资源机遇假说(Resource opportunity hypothesis):该假说指出土著生态系统的可入侵性,即生态系统中具有空余生态位。稻水象甲(*Lissorhoptrus oryzophilus*)原产于北美洲,1988年首次发现于我国唐山的唐海县。稻水象甲成功入侵的原因之一是其充分利用当地生态资源密切相关,例如,在浙江稻区,稻水象甲蚕食水稻根部和叶片,利用田埂杂草作为早期食源和产卵地,在田边山坡进行越冬。

天敌释放假说(Enemy release hypothesis):该假说指出外来种在入侵地疯狂扩张与逃逸了原产地自然天敌的控制有关。原产于北美洲大西洋沿岸的互花米草(*Spartina alterniflora* Loisel.)于1970年被引种中国后,目前已经遍布中国的东海岸线。在原产地,互花米草受到光蝉(*Prokelisia marginata*)、两种茎秆钻孔飞蝇(*Chaetopsis aenea* 和 *C. apicalis*)和病原微生物麦角菌(*Claviceps purprea*)等天敌的控制,但在入侵地,如长江河口的崇明东滩盐沼湿地,互花米草摆脱了原产地天敌,从而可以肆无忌惮地扩张。

种间互利或偏利共生假说(Mutualism):该假说指出物种共生关系对外来种在入侵地建群的影响。如果外来种携带了与之互利共生的物种,其入侵的成功性将大大增加。加拿大一枝黄花(*Solidago canadensis* L.)原产北美洲,1935年作为观赏植物引入中国。加拿大一枝黄花入侵性极强,可谓是"黄花过

> 处寸草不生"。加拿大一枝黄花入侵成功与其相伴的根际菌根真菌互生有关系，随着入侵时间延长，加拿大一枝黄花根际菌根真菌多样性呈线性增长，而多样化的菌根真菌又会促进加拿大一枝黄花继续入侵。
>
> 新武器假说（Novel weapon hypothesis）：该假说指出外来植物能够分泌化感物质抑制土著植物生长，这些物质对外来植物本身无害。同质园实验研究证实了一些入侵植物具有化感作用，但化感作用与入侵性的关系仍待深入研究。

(4) 破解悬疑大案。教师引导学生们从入侵机制中关注物种之间的相互作用，列举如捕食（取食）、竞争、互利共生、偏利共生、寄生等主要形式的种间关系，帮助学生们理解物种之间的相互作用。

然后，教师借助信息技术展示悬疑大案活动的故事情景：2010年7月，在我国长江河口的崇明东滩盐沼湿地，成片的土著植物芦苇的顶部叶片率先干枯死亡，然后整个植株自顶部向下快速枯黄、萎蔫，直至死亡。科研人员判断芦苇发生了顶枯病。但令人奇怪的是，发生顶枯的芦苇周围生长着茁壮的外来入侵植物互花米草。正值生长旺季，为什么成片的芦苇会爆发顶枯病呢？

图3-5 我国长江河口的崇明东滩盐沼湿地互花米草入侵与芦苇顶枯病

"悬疑大案"活动的情景和问题呈现之后，教师组织学生们开展小组合作学习，讨论如何破解这个问题。在小组头脑风暴中，教师深入各个小组，参与讨论。作为对学生们的提示，教师利用信息技术分步骤地向学生们展示科学研究人员对这个问题的探索过程，例如，教师提示每个物种的生长都会受到周围环境的影响，科学研究人员从当地环境入手，调查了顶枯芦苇和健康芦苇群落的地形和土壤理化性质，但是没有发现差异，表明非生物的环境因素不是导致芦苇顶枯病的原因。然后引导学生们聚焦生物因素的影响，经过调查，当地芦苇群落里常见的螃蟹和蜘蛛的取食以及牛的践踏都不是导致芦苇顶枯病的原因。通过"质疑—否定"的往复循环，一步步引导学生们发现关键问题，形成探究的思路。

当全体学生头脑风暴并完成学习单上第二部分"3. 破解悬疑大案"的内容后，教师请各小组的代表展示本组的观点。听取小组汇报后，教师向学生们介绍科研人员是如何研究这个问题的。首先提出假设，芦苇顶枯病可能与互花米草有关；其次调查非生物因素和生物因素，从中筛选出可能的致病因子，分离、鉴定和获得致病因子；再次按照科赫法则进行试验确定致病因子；然后分析致病因子与互花米草的关系；最后找到芦苇顶枯病的发病机制。

在全体学生理解了上述科学研究的思路和过程后，教师用信息技术展示科学研究的部分"发现"：

① 在崇明岛东滩湿地的顶枯芦苇植株样品中分离出了一种镰刀菌；

② 经过形态学和分子生物学鉴定，这株镰刀菌与北美的镰刀菌 *Fusarium palustre* 有极高的相似性，可以判断是同一个物种；

③ 镰刀菌 *F. palustre* 能够导致互花米草在原产地发生顶枯病；

④ 在中国崇明岛东滩盐沼湿地以外的互花米草和芦苇生长环境中没有分离出镰刀菌 *F. palustre*；

⑤ 在崇明岛东滩湿地健康的芦苇植株上没有分离出镰刀菌 *F. palustre*；

⑥ 在崇明岛东滩湿地的互花米草上分离出了镰刀菌 *F. palustre*；

⑦ 在同质园实验中接种了镰刀菌 *F. palustre*，芦苇和互花米草都会出现顶枯症状；

⑧ 从同质园实验中顶枯的芦苇植株样品中分离出了镰刀菌 *F. palustre*；

⑨ 互花米草在原产地生长矮小，不足 1 米，在入侵地株高可达 1 至 3 米。

然后，教师请学生们开展小组讨论，根据上述科学研究"发现"推断出研究结论，并记录在学习单上第二部分课堂活动"3. 破解悬疑大案"的"破案结论"上。

全体学生写出了"破案结论"后，教师讲述"在研究这个问题的过程中，科研人员使用了生态学、微生物学和分子生物学的技术方法，发现了互花米草被引种到中国时，它的土著病原菌镰刀菌 F. palustre 可能搭上了便车，也从北美洲漂洋过海来到了中国。在入侵地，互花米草生长旺盛，抵消了 F. palustre 的侵染，但同时成为 F. palustre 的宿主，随着互花米草入侵芦苇群落，F. palustre 也从互花米草传播到了芦苇上，从而引发芦苇的顶枯病"。

> **教 学 提 示**
>
> 本项目中，教师可以向学生们介绍学科的经典研究方法，例如生态学中的野外试验设计方法、同质园实验方法，病理学中科赫法则用于确定病原物的操作程序，微生物学中的真菌培养与鉴定，分子生物学中物种 DNA 提取方法，生物信息学中的基因序列比对等方法。

在活动的结尾，教师进行总结，从镰刀菌 F. palustre 搭便车的例子可以看出，物种之间的相互作用会因环境的变化而发生改变。全球气候变化可能改变区域的温度、降水等其他气候参数，未来物种的生态位也可能随之改变，导致现有生物入侵的格局发生变化，一些地区可能变得更容易被入侵。此外，随着全球贸易往来和人员流动愈加频繁，人为造成的有意引种和无意引种也会增加生物入侵的风险。因此，我们要对生物入侵做好持续的监测和评估，制定有效的预警措施。

> **教 学 提 示**
>
> "破解悬疑大案"活动的设计包含两个教学目标，其一是通过这个活动，让学生们理解种间关系在生物入侵事件中的作用，其二是借用真实的科学问题

> 为学生们体验科学研究的过程创造机会。这个体验过程需要较长的时间，如果课堂时间不足，教师可以采用其他的教学设计，例如，给学生们分享有关芦苇顶枯病机制研究的学术论文，让学生们独立阅读，梳理并归纳出芦苇顶枯病发生的原因，从而理解生物入侵中的种间关系。
>
> 相关的学术论文如下：
>
> ◇ Li H, Zhang XM, Zheng RS, Li X, Elmer WH, Wolfe LM, Li B. Indirect effects of non-native *Spartina alterniflora* and its fungal pathogen (*Fusarium palustre*) on native saltmarsh plants in China. Journal of Ecology, 2014, 102 (5): 1112-1119.

（5）**人类活动**。教师首先提问"请同学们想一想，入侵我国的大多数外来物种最有可能从哪里来？"接着使用信息技术展示中国大陆和港澳台地区的外来入侵种来源地图和相关的数据，讲述"从外来入侵种监测数据发现，我国大陆地区绝大多数的入侵种来自北美洲，而港澳台地区绝大多数的入侵种来自南美洲。请同学们思考一下这是为什么？"学生们自由表达观点后，教师讲解"北美地区与我国大陆拥有相似的气候环境，从北美洲传来的物种能够很快适应我国的生境条件，实现在较短时间内成功定殖。由于我国是北美地区最大的贸易伙伴国之一，频繁的贸易和人员往来更是为外来物种传入我国提供了较多的机会。港澳台地区与南美洲的气候和生境类型都有着极高的相似性，这是港澳台地区的入侵种主要来自南美洲的原因"。

教师继续使用信息技术展示视频或图片、数据，讲述"研究发现，中国大陆约50%的外来植物和25%的外来动物是有意引入的，主要作为牧草、饲料、工业原料、药用植物、蔬菜、草坪、养殖、观赏、生物防治等，有76%的入侵物种由于检疫疏漏，随着贸易物品运输工具而无意传入。请同学们想一想，从来源和传入方式看，外来物种有意引入和无意传入的过程有什么共性之处？"倾听学生们的回答，然后教师总结"除了物种本身的入侵潜能、空余生态位、种间相互作用外，人类活动成为外来物种成功入侵的重要因素"。

有关外来物种入侵机制的学习结束后,教师提醒学生们继续创作"外来物种历险记",将自己所有的创意想法,都记录在学习单上第四部分创意作品的"创意灵感涂鸦"上。

✓ **外来种入侵的影响**

(1) **土著民的灾难**。针对这个环节的项目学习,教师提前布置课外学习活动,让学生们开展小组合作,在互联网上查阅和搜集有关外来物种入侵影响的资料,经过小组讨论,归纳和整理材料,完成学习单上第三部分课外活动"2. 土著民的灾难"的"合作学习"内容。在课堂上,教师请各小组的代表汇报合作学习的成果。

(2) **生态系统服务**。教师讲述生态系统、生态系统服务功能的概念,例如,从前面的案例中,我们了解到生物与环境之间、生物与生物之间存在着相互依赖、相互制约的关系,这些相互作用关系在一定时期和一定空间内处于相对稳定的动态平衡状态,这就构成了生态系统。生态系统给人类提供了生存所必需的资源,包括食物、空间等,还提供能够支持人类社会发展所需的其他资源,比如,工农业生产的原材料,文化娱乐资源。生态系统服务就是指生态系统为人类社会提供的各种益处。人们把生态系统服务功能分为供给功能、调节功能、文化功能和支持功能。接着,教师运用信息技术展示四种功能的内容,请学生们把课外合作学习记录的外来物种入侵的影响分别找到对应的生态系统服务功能,完成学习单上第三部分课外活动的"2. 土著民的灾难"的"分组归类"内容。

教 学 提 示

2005年新千年生态系统评估(Millennium Ecosystem Assessment,MA)对生态系统服务功能的分类如下:

调节功能:调节气候、调节空气质量、调节水文、净化水质、控制侵蚀、生物防控、处理废弃物、授粉、控制疾病。

供给功能:洁净水、燃料、纤维、生物化学物质、基因资源。

支持功能:土壤形成、养分循环、初级生产、生境提供、产生氧气。

> 文化功能：精神与宗教价值、娱乐与生态旅游、美学价值、激励功能、教育功能、文化继承、文化多样性、知识系统。

教 学 提 示

外来物种入侵的影响涉及生态、经济、社会等多个方面，入侵物种对入侵地的影响既包括直接影响，比如导致土著种灭绝、防控入侵种需要财力和人力支持等，也包括间接影响，比如入侵种改变生态系统过程、治疗因入侵种造成的动植物病害和人类疾病等。入侵种也能带来一些效益，例如，互花米草能够固持水土，是人们向海要地的好"工具"、克氏原螯虾和牛蛙丰富了人们的餐桌等等。总之，对这个问题的分析需要学生具备相关的知识，运用逻辑思维、发散思维和批判思维。

基于上述分析，在本项目中，教师设计了一个课外活动和一个课堂活动。课外活动旨在让学生们通过查找资料和阅读积累相关的知识，对生物入侵事件的影响形成独立的认识，这有利于学生们理解生态系统服务功能。课堂活动是在教师讲解过生态系统和生态系统服务功能的概念后进行的，意在让学生们通过实践活动加深对生态系统服务功能和生物入侵影响的理解，尤其是从不同角度看待而生物入侵事件，重视生态系统，形成系统观。

教师巡视，收集学生们的典型答案，包括积极的影响和消极的影响，然后使用信息技术向全班展示出来，带领学生们批判地评价生物入侵事件，分析外来入侵物种对入侵地造成的直接影响和间接影响，从生物入侵事件的生物学效应延伸评价它的经济影响、社会影响和文化影响。

学习完外来物种入侵影响后，教师提醒学生们继续创作"外来物种历险记"，将自己所有的创意想法，都记录在学习单上第四部分创意作品的"创意灵感涂鸦"上。

✓ **人与自然是生命共同体**

(1) **辩论赛**。教师讲述"生态系统服务功能是以生物多样性为基础的。生物多样性是指生命有机体及其变异性,其与环境相互作用形成的生态复合体,以及与此相关的各种生态过程的总和,包括基因多样性、物种多样性和生态系统多样性。毫不夸张地说,生物多样性是人类赖以生存的基本条件,是经济社会可持续发展的前提。人们就是用生态系统服务功能来度量生物多样性的价值"。然后教师提问"生物入侵事件对生物多样性可能产生哪些影响呢?今天我们将开展一场辩论赛,请同学们分析外来物种入侵对生物多样性是利大于弊还是弊大于利"。

教师组织小组头脑风暴,并将本组每位成员的观点和证据记录在学习单上第二部分课堂活动"4. 辩论赛"的相应表格中,然后班级抽签分成正、反方开始辩论赛。通过参与辩论,学生们收集证据,深入分析生物入侵事件与生物多样性的利弊关系。

(2) **"南北战争"**。辩论赛结束后,教师进行总结,接着向学生们介绍有关生物多样性评估的科学问题之争。例如,"2012 年联合国成立了'生物多样性和生态系统服务政府间科学政策平台(The Intergovernmental Science-Policy Platform on Biodiversity and Ecosystem Services,IPBES)',旨在通过全球性的共同行动遏制生物多样性的快速丧失。IPBES 的一项重要工作就是开展生物多样性评估。但是,IPBES 内部对生物多样性如何评估产生了分歧,一方支持采用已有 38 年历史的'生态系统服务(Ecosystem Services,ES)',按照生态系统服务的四个类型从生态与经济的角度以货币的形式来度量 ES 的价值。另一方倡导'自然对人类的贡献(Nature's Contributions to People,NCP)',从有益和有害两个方面的贡献来评价,强调文化和乡土知识在理解与评价 NCP 中的作用。由于 NCP 概念是由代表发展中国家的科学家(来自南美洲阿根廷)提出,并指出 ES 体现了以北美为主导的发达国家的价值取向,因此这场争论被称为生物多样性科学中的'南北战争'。"教师讲述后,组织学生们相互讨论,并表达自己的立场。

> **教 学 提 示**
>
> 《Science》杂志是美国科学促进会(American Association for the Advancement

of Science, ASSS) 的官方刊物，与英国的《Nature》杂志并肩被誉为世界顶级杂志，代表了人类自然科学研究对最高水平。2005 年是《Science》创刊 125 周年，杂志社公布了 125 个最具前沿的科学问题，其中前 25 个问题又被认为是最重要的，其中就有关于生物多样性的问题，即"什么决定了物种的多样性？(What determines species diversity?)"（Kennedy D & Norman C，2005）。

一些有用的网址：
IPBES：https://ipbes.net/
IPCC：https://www.ipcc.ch
science：https://science.sciencemag.org/
nature：https://www.nature.com/

教 学 提 示

本项目提及的"南北战争"是科学家们围绕生物多样性评估展开的争论，这个科学问题不仅包含了科学家们对生物多样性评估框架的不同观点，更蕴含了科学家们"看问题"的视角，譬如，从不同利益相关者的视角思考问题。教师在项目中引入这个争论，有三个意图：其一是向学生们介绍有关生物多样性的前沿科学问题；其二是以这个争论为载体，组织学生们讨论和表达观点，培养学生们的思维能力和表达能力，理解不同利益相关群体在问题解决中的作用，也为创意写作做好铺垫；其三是通过前沿科学问题讨论，让学生们获得科学家工作的体验，激发学生们对科学研究的兴趣。

（3）**决策者**。教师一边借助信息技术展示地球生物大灭绝事件，一边讲述人类活动对生物多样性的重要影响。例如，"人类活动造成了生物入侵、生境破坏、气候变化、资源过度利用以及环境污染，成为是导致生物多样性锐减的五大驱力。至今，地球经历了五次生物大灭绝，目前正处于第六次生物大灭绝时期，与前五次生物大灭绝不同的是，人类活动是第六次生物大灭绝的元凶。"

教师提问"假如你是决策者，你将如何推动生物多样性的保护？"组织小组头脑风暴，讨论结束后，每位同学在自己的学习单第四部分创意写作的"2. 决策报告"上写出自己认为可行、有效的生物多样性保护方案。如果有学生写完了，教师可以请他来朗读自己的决策方案，其他学生对决策方案的可行性、合理性等方面进行评价。

表 3-2　地球历史上的生物大灭绝事件

	地质时期	距今时间	灭绝强度	可能的灭绝原因
第一次	奥陶纪末期	4.43 亿年前	57%的属、86%的物种灭绝	冰川期与间冰期交替出现，海进与海退重复出现
第二次	晚泥盆纪	3.59 亿年前	35%的属、75%的物种灭绝	全球变冷（紧跟着发生全球变暖）
第三次	二叠纪末期	2.51 亿年前	56%的属、96%的物种灭绝	西伯利亚火山喷发、全球变暖
第四次	三叠纪末期	2.00 亿年前	47%的属、80%的物种灭绝	中大西洋岩浆区火山活动造成的极端气候
第五次	白垩纪末期	6 500 万年前	40%的属、76%的物种灭绝	尤卡坦半岛小行星撞击地球造成全球大灾难和急速变冷
第六次	现在	未来数世纪	75%	人类活动

注：引自（Barnosky et al., 2011；李骁等，2019），经修改。

（4）生命共同体。当学生们体验过了决策者的身份后，教师引导学生们从国家的层面来审视生物多样性与人类福祉之间的关系问题，并以中国为例讲述国家在保护生物多样性的工作中发挥着至关重要的作用。

首先，教师展示 2000—2017 年全球年平均 MODIS 叶面积指数变化地图，请学生们读图并表述自己从图中获取的信息，接着，教师解释图中红圈指示全球正在变绿的七个区域，中国和印度最为明显，这两个国家的绿叶面积净增长量占到了全球的三分之一，其中，中国贡献了全球 25% 的绿叶面积增长量，同时提问"中国是如何做到让地球更绿的"。教师组织小组头脑风暴，然后请各小组的代表陈述本组的观点。

教 学 提 示

叶面积指数（leaf area index，LAI）是指单位土地面积上植物叶片总面积占土地面积的倍数。在一定范围内，叶面积指数越大，作物产量越高。当叶面积指数增加达到某一阈值后，由于植被郁闭，光照不足，光合效率下降，产量也会降低。

MODIS（Moderate-resolution Imaging Spectroradiometer）是中分辨率成像光谱仪的英文缩写，是美国宇航局研制的大型空间遥感仪器，最大空间分辨率可达 250 米，用于了解全球气候变化情况以及人类活动对气候的影响。MODIS 数据允许免费接收和无偿使用，在全球许多国家和地区被广泛使用。

全球年平均 MODIS 叶面积指数趋势图来源于学术论文"Chen C，Park T，Wang XH，et al. China and India lead in greening of the world through land-use management. Nature Sustainability. 2019，2：122—129"，教师可以根据项目学习的需要，摘取论文相关数据辅助教学。

听取学生们的观点后，教师讲述："中国拥有世界五分之一的人口，中国取得的绿化成就来之不易，这与中国高度重视生物多样性保护密切相关。中国的科研工作者长期使用 ES 框架进行本国的生物多样性价值评估和管理，取得了一批具有影响力的研究成果，这些成果促进了中华民族生态文明意识的提升，在中国生物多样性保护和生态环境修复等相关政策的制定方面发挥了积极的作用。近些年，'生态文明'陆续被写入了《中国共产党党章》和《中华人民共和国宪法》，并且由最高国家权力机关的执行机关和最高国家行政机关的国务院直接领导和管理生态文明建设。中国国家主席习近平同志传承了中华文明'天人合一'的思想精髓和马克思主义生态文明自然观，吸收借鉴中外文明研究的最新成果，经过不断地实践探索，提出了富有生态智慧的'绿水青山就是金山银山''山水林田湖草是一个生命共同体''人的命脉在田、田的命脉在水、水的命脉在山、山的命脉在土、土的命脉在树'等与生物多样性保护、生态环境建设相关的重要论断，这些金句深入浅出地传递了生态系统观的哲理和重要性，为民众所认可和广泛接受。承认人与自然是生命共同体，践行绿色发展理念，是中国把自己变得更绿、让世界变得更绿的答案。"

教师播放有关生态文明建设的纪录片，或者有条件的话，可以前往一些场馆参观生态文明建设展，让学生们看一看、听一听国家实施生态文明建设的坚定决心、付出的巨大努力和取得的伟大成就，从而增强学生们的国家认同感和自豪感，提升保护生物多样性的责任感。

✓ **创意作品展示与评选**

（1）**投票**。学生们完成"外来物种历险记"的创意写作，在指定的日期把作品上传至课程群，学生们和教师根据"3.4.7'餐桌上的奇遇'项目创意写作评价量表"进行评价，共同投票选出最佳创意写作奖的作品。如果条件允许，教师可以组织更广范围的学生、教师、专家和家长参与投票。

（2）**创意微电影首映式**。小组开展讨论，制作出时长为3—15分钟的创意微电影，完成学习单第四部分创意作品的"4. 创意微电影首映式"的内容。

教师辅助学生们筹划创意微电影的首映仪式，小组进行微电影首映宣传，播放微电影，然后学生们和教师根据"3.4.8'餐桌上的奇遇'项目创意微电影评价量表"进行评价，投票选出的最佳影片奖。

首映仪式结束后，举行最佳创意写作奖和最佳影片的颁奖仪式。如果条件允许，教师可以组织更多的学生及家长参与网上投票，还可以邀请其他学科老师、专家担任评委。

● **教学结课**

（1）作品展示结束后，教师进行结课，首先回顾这个项目学习使用到的专业术语和技能，然后强调生态系统观和生命共同体的重要性，鼓励和动员学生们参与生态文明建设，例如教师总结"从生物入侵事件中我们认识到生物与非生物的环境之间以及生物物种之间都存在着相互依赖、相互影响的关系，而这些相关作用频繁受到人类的干扰。近百年来，人类目睹了自己所作所为的结果，甚至付出了惨痛的代价。人类必须觉醒，必须承认人类是自然的一部分，是生命物体中的一员，保护生态环境、保护生物多样性，就是保护人类自己。从现在，到未来，坚持生态系统观，秉承'生命共同体'的思想，当代人和子孙后代的福祉才能得以改善。"

（2）每位学生填写学习单上的"五、发现与反思"的表格（请见"餐桌上的奇遇"项目学习单）。

（3）每位学生依据评价表对自己进行客观评价（请见"餐桌上的奇遇"项目自我评价量表）。

● **教学评价**

✓ **评价时间：**

（1）创意作品展示与评选环节。

（2）教学结课环节。

（3）项目学习结束之后。

✓ **评价任务：**

（1）创意作品评价（请见"餐桌上的奇遇"项目创意写作评价量表和创意微电影评价量表）。

（2）自我评价（请见"餐桌上的奇遇"项目自我评价量表）。

（3）他人评价（请见"餐桌上的奇遇"项目学习单）。

（4）专家评价，教师将评价意见写在学生的学习单"六、教师评语"上。

3.4.3 项目设计解析

□ **教学目标设计解析**

本书设计的STEM+课程的课程目标包括七个方面（请见第2章"STEM+课程目标设计"部分），"餐桌上的奇遇"项目预期实现这七个课程目标。

本项目突出"创意"，将"创意"贯穿于整个项目学习过程，例如，把生物入侵事件与餐桌美食相关联，设计了令人好奇的项目题目，即"餐桌上的奇遇"；相比于其他项目，这个项目里的活动不仅数量较多，而且内容突出人与自然的联系，这些学习活动和作业还具有多样化的类型、较高的参与度、极富挑战性的特点。利用这些设计，激发学生们的兴趣，驱使他们去认识人与自然是生命共同体，从而实现"（1）能够增强对人类、自然和社会现象的兴趣和好奇心"这一项课程目标。

课程目标"（2）能够理解人类、自然和社会的相互作用及其产生的多维度效应和综合影响"通过教学目标"（6）学生能够从不同利益相关者的视角分析事件，从跨学科的角度预测生物入侵事件所造成的不同尺度的影响，完成课堂活动题4和创意作品题2"实现。

课程目标"（3）能够掌握科学探究和工程设计的流程"落实在教学目标"（4）学生能够从真实世界的复杂问题中分析出关键问题，制定出解决问题的方法，完成学习单上的课堂活动题3"。

课程目标"（4）能够运用跨学科思维、逻辑推理以及多学科知识和技能分析解决现实问题"和"（6）能够有效使用与评价技术和媒体信息、创造信息与媒体产品"由教学目标"（2）学生能够使用技术制作出质量精良、具有艺术价值的创意微电影""（3）学生能够利用信息技术搜集和整理资料，归纳出有价值的信息，完成学习单上的课堂活动题1、课外活动题1和题2""（5）学生能够根据多学科知识，做出合理预测和推断，完成课堂活动题2"支撑。

课程目标"（5）发展批判质疑、反思、创新创造以及沟通合作、自我管理的能力"对应教学目标"（1）学生能够独立撰写出主题创意写作和影评，书写规范""（6）学生能够从不同利益相关者的视角分析事件，从跨学科的角度预测生物入侵事件所造成的不同尺度的影响，完成课堂活动题 4 和创意作品题 2"。

课程目标"（7）能够尊重差异、适应变化、愿意承担促进可持续发展的社会责任"对应教学目标"（7）学生能够认同生态系统观和'人与自然是生命共同体'，并将其融入创意写作中"。

根据布鲁姆认知领域目标分类法，本项目的教学目标主要培养学习者的高级思维能力，其中教学目标（1）和（2）运用综合思维，教学目标（4）运用分析思维，教学目标（5）、（6）和（7）运用评价思维。教育目标（3）培养学习者的领会和应用能力，属于低级思维能力。

□ 教学设计分析

本项目涉及较多的学科概念，而这些概念是项目学习的基础。本项目的主要目的一方面是学习学科概念，一方面是实现七条教学目标。因此，在有限的教学时间内，为了促进学科概念的理解和掌握，并促进教学目标的达成，本项目采用教学设计，而非活动设计。知识呈现教学模式是用清晰而简明的方式向学习者传授知识，能够帮助学生准确理解知识，从而省时高效地达到知识学习的目的，所以，采用知识呈现教学模式开展项目学习。

为了避免知识呈现教学模式沦为"教师灌输、学生被动接受"的教学状态，本教学案例中使用知识呈现教学模式时，做了四点精心设计。第一，引入先行组织者（请见 3.4.5 "餐桌上的奇遇"项目先行组织者材料），为学习者搭建认知支架。在教学的预备阶段，借助先行组织者材料可以聚焦学习者的注意力，在教学过程中，先行组织者材料呈现了知识架构及其之间的关系，有助于学习者理解学习内容。第二，提供学习者积极参与的学习机会和环境，比如设计了"抢座位"游戏来引入"生态位"的概念，让学生们在游戏中理解"生态位"的概念，再比如，设计的"破解悬疑大案"活动帮助学习者理解"种间相互作用"的概念。第三，选择的物种和案例贴近学习者生活经验，例如，导入环节创设的"国际风味餐厅"菜单是学生们熟知的菜肴，而菜单上的食材正是我国列入黑名单的外来入侵物种，由此引入"外来物种""入侵种"等概念。第四，讲述科学研究的故事，提升学习者的兴趣和学习积极性，譬如，结合笔者个人的研究经历和科研故事，帮助学习者认识到种间相互作用在生物入侵中的作用，介绍号称"南北战争"的科学问题之争，让学习者理解生物多样性价值评估的方法。

☐ **跨学科整合设计**

本项目主要涉及生态学、技术、科学、经济学、社会学。具体而言，有关生物入侵、生态系统、种间相互作用等概念是学习者完成本项目的知识基础，这些概念来自生态学。本项目学习单上所列的活动需要学习者运用信息技术、科学、经济学、社会学和文学等学科的知识来分析和解决问题。项目的成果是创意写作和创意微电影，需要学习者发散思维、大胆创新，但前提依然是正确运用多学科的知识和技术，从过程来看，要完成创意作品，学习者需经历一个跨学科知识和技术应用的过程。

3.4.4 项目拓展方向

本项目可以改为活动设计或者采用引导发现式教学模式，以"种间相互作用"内容为例，设计动、植物的玩具模型，用线绳连接动、植物玩具模型，线绳表示物种之间的相互作用，使看不见的种间关系形象化，让学习者移动一个或若干个玩具模型，发现其他物种所受的影响。

在项目的活动内容上拓展，例如，围绕"外来入侵种的预警和防控"主题，请学生们扮演海关检疫工作人员，设计检验样品抽检方法，解决漏检问题。以"技术"为主题，设计辩论赛，让学生们批判性地看待技术在社会管理和生态文明建设中的作用与价值。

在项目的产品形式上拓展，譬如，围绕"人为引种"主题，制作科普作品，可以是短视频或者剧目、故事、雕塑、模型等。还可以结合学校所在地和学习者生活区域的实际情况，开展生物多样性资源调查，设计针对当地的生物多样性保护的宣传方案。

本项目以生物入侵为主题，涉及生态系统、生物多样性和生态文明的内容，偏重理论。本项目可以向实践方向拓展，以"生态农业与现代生命科学技术""生态工业建设""生态旅游建设""生态经济""生态校园"等主题设计跨学科项目。

3.4.5 "餐桌上的奇遇"项目先行组织者材料

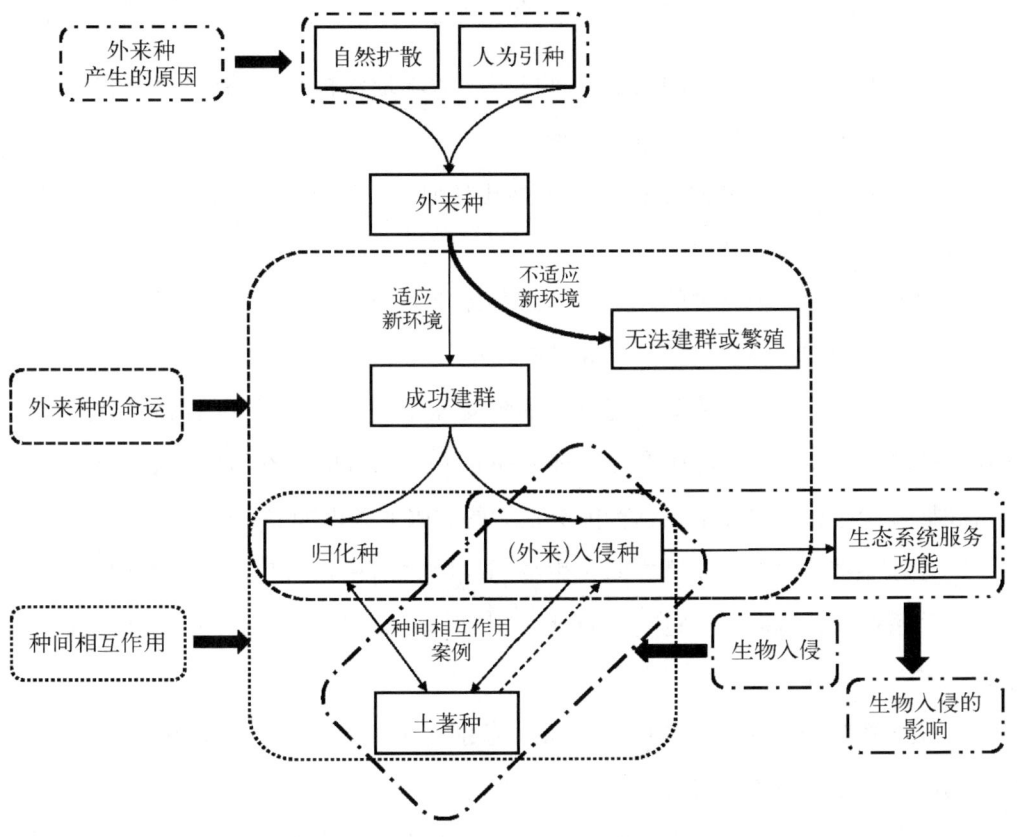

图 3-7 本项目主题大纲结构图

3.4.6 "餐桌上的奇遇"项目学习单

一、概念词典

1. 归化种：是指入侵时间较长，且已经融入本地动植物区系中，参与当地生态过程，不再产生爆发性生态灾难的物种。

2. 扩散：是指一个物种的一些个体离开其他个体迁至较远距离的环境。例如，蒲公英的种子离开母株随风飘散。

3. 迁移：是指一个物种的大量个体或群体从一个地点迁到另一个地点，是成群的定向移动。例如，蝗虫的迁飞、候鸟的迁徙。

4. 生态位：是指有机体对环境条件的耐受性以及对环境资源的需求的综合。生态位包括基础生态位和实际生态位，前者是指一个物种的所有潜能，后者是指在竞争者和捕食者存在的情况下，物种能够延续的有限的条件和资源范围。

5. 生态系统：生物与环境之间、生物与生物之间相互依赖、相互制约，这些相互作用关系在一定时期和一定空间内处于相对稳定的动态平衡状态，即构成了生态系统。

6. 生态系统服务功能：是指人类从生态系统中所获得的效益，包括供给功能、调节功能、文化功能和支持功能。

7. 生物多样性：是指所有来源的生命有机体及其变异性，其与环境相互作用形成的生态复合体以及与此相关的各种生态过程的总和，包括基因多样性、物种多样性和生态系统多样性。

8. 生物入侵：是指生物由原产地经自然或人为的途径侵入到另一个新的环境，对入侵地的生物多样性、经济、人类健康造成损害，甚至引发生态灾难的过程。

9. 土著种：长期生活在某一地区的物种被称为该地区的土著种。

10. 外来入侵种：又称入侵种，是指从原产地通过自然的或人为的途径迁移到新的生态环境中，定居、自行繁殖和扩散，并明显影响当地生态环境，损害当地生物多样性的物种。

11. 外来种：是指出现在其自然分布范围和分布位置以外的一种物种、亚种或低级分类群，包括这些物种能生存和繁殖的任何部分、配子或繁殖体。

12. 种间相互作用：又称种间关系，是指生物群落中各个物种之间的相互作用或相互关系。种间关系包括竞争、捕食（取食）、互利共生、偏利共生、寄生等。

二、课堂活动

1. 环球旅行的计划

以下物种将要从原产地前往中国。请你充分发挥想象力，尽可能多地写出这些物种从原产地到达中国的旅行方式，预测旅途时长。然后小组头脑风暴，投票选出真实世界可以实现的旅行方式和最具创意的旅行方式。

物　种	原产地	前往中国的方式	预计旅途时长
牛蛙			
克氏原螯虾			
尼罗罗非鱼			
福寿螺			

2. 我是预言家

物种1：

预测命运：

推测的理由：

……

3. **破解悬疑大案**

小组头脑风暴
悬疑大案的关键问题：
破解悬疑大案的思路和方法：
破案结论：

4. 辩论赛

辩题：生物入侵对生物多样性是利大于弊还是弊大于利？请小组先开展头脑风暴，然后抽签选择辩方，并将辩手姓名和本方的论题、证据等记录在下表中。

小组头脑风暴
组员 1 的观点与证据：
组员 2 的观点与证据：
组员 3 的观点与证据：
……

正方/反方
辩手：
论题：
证据：

三、课外活动

1. 胜利的法宝

表格中列出了八个物种,它们依靠什么策略成功变成了入侵种呢?请你与同伴开展合作学习,利用互联网查阅和搜集资料,归纳出这些物种成功入侵的策略,记录在下列表格中,并完成下述合作学习记录单。

物　种	成功入侵的策略
牛蛙	
克氏原螯虾	
尼罗罗非鱼	
福寿螺	
加拿大一枝黄花	
互花米草	
喜旱莲子草	
马缨丹	

合作学习记录单

小组组员:

合作学习分工:

2. 土著民的灾难

(1) **合作学习**：请你与同伴开展合作学习，利用互联网查阅和搜集资料，归纳出外来物种入侵后对入侵地造成的影响，记录在下列表格中。

合作学习记录单

(2) **分组归类**

生态系统服务功能	案　例
供给功能	
调节功能	
文化功能	
支持功能	

四、创意作品

1. 创意灵感涂鸦

2. 决策报告

3. 创意写作展示

XXX 历险记

作者：_____ 创作日期：_____

4. 创意微电影首映式

微电影作品浏览网址：

创意微电影剧情梗概：

5. 首映影评

推荐作品及推荐理由

五、发现与反思

请在表格中记录下学习过程中,哪些同学给你留下了深刻印象?为什么?你有哪些发现?这些发现对你完成项目学习有什么启发与帮助?

六、教师评语

3.4.7 "餐桌上的奇遇"项目创意写作评价量表

评价人：_____

评 分 标 准	非常好	良　好	有待提高	得　分
1. 创意写作的主题思想突出，情感丰富。	4—5	2—3	0—1	
2. 作品结构完整，包括引入、高潮和结局。	4—5	2—3	0—1	
3. 作品情节设定的逻辑性强，衔接流畅、自然。	4—5	2—3	0—1	
4. 作品情节的节奏感突出，既有主要情节，也有次要情节。	4—5	2—3	0—1	
5. 角色丰满，令人信服，能够激起读者共鸣。	4—5	2—3	0—1	
6. 作品含有必要的描述性细节。	4—5	2—3	0—1	
7. 作品语言流畅，用词恰当。	4—5	2—3	0—1	
8. 作品中使用了专业术语，学科理论运用正确。	4—5	2—3	0—1	
9. 作品中变换长短句式，标点符号使用正确，无错别字。	4—5	2—3	0—1	
10. 作品充满想象力，创意性突出。	4—5	2—3	0—1	
总　　　分				

备注：教师可以根据具体学习情况调整表格评价标准和分值。

3.4.8 "餐桌上的奇遇"项目创意微电影评价量表

评价人：_____

评 分 标 准	非常好	良 好	有待提高	得 分
1. 创意微电影的主题思想突出，情感丰富。	4—5	2—3	0—1	
2. 作品结构完整，包括引入、高潮和结局。	4—5	2—3	0—1	
3. 作品情节设定的逻辑性强，衔接流畅、自然。	4—5	2—3	0—1	
4. 作品情节的节奏感突出，既有主要情节，也有次要情节。	4—5	2—3	0—1	
5. 角色丰满，令人信服，能够激起读者共鸣。	4—5	2—3	0—1	
6. 作品引人深思，给人启迪。	4—5	2—3	0—1	
7. 作品含有必要的描述性细节。	4—5	2—3	0—1	
8. 作品中使用了专业术语，学科理论运用正确。	4—5	2—3	0—1	
9. 画面艺术性强，音效音乐恰当，技术使用合理。	4—5	2—3	0—1	
10. 影片时长控制在 3—15 分钟。	4—5	2—3	0—1	
11. 作品充满想象力，创意性突出。	4—5	2—3	0—1	
总 分				

备注：教师可以根据具体学习情况调整表格评价标准和分值。

3.4.9 "餐桌上的奇遇"项目自我评价量表

评价人：_____

评 分 标 准	非常好	良 好	有待提高	得 分
1. 能够准确描述和理解概念。	4—5	2—3	0—1	
2. 能够利用互联网搜集到所需资料。	4—5	2—3	0—1	
3. 能够准确整理和归纳资料。	4—5	2—3	0—1	
4. 能够进行合理假设和推断。	4—5	2—3	0—1	
5. 能够从真实世界的复杂问题中抽提出关键问题，制定出解决问题的方法。	4—5	2—3	0—1	
6. 能够从不同利益相关者角度审视问题。	4—5	2—3	0—1	
7. 能够预测事件发生后产生的多种影响。	4—5	2—3	0—1	
8. 能够为作品制作出有效的宣传策划方案。	4—5	2—3	0—1	
9. 能够使用文字表达自己的想法，形成完整的作品。	4—5	2—3	0—1	
10. 能够使用至少1种技术，将想法、效果有效的呈现出来。	4—5	2—3	0—1	
11. 能够为团队合作贡献出有价值的建议。	4—5	2—3	0—1	
12. 能够与组员配合有序、合作高效。	4—5	2—3	0—1	
13. 能够与他人有效沟通。	4—5	2—3	0—1	
14. 能够在合作中有效地管理自己的情绪。	4—5	2—3	0—1	
15. 能够包容、接纳他人的不同意见、消极情绪等。	4—5	2—3	0—1	
总 分				

备注：教师可以根据具体项目情况调整表格的内容、评价标准和分值。

3.4.10 "餐桌上的奇遇"项目评价量表

评价人：_____

评 分 标 准	是	否
1. 项目能够模拟"现实世界"，或者解决真实世界中的问题。		
2. 项目中的问题和过程步骤是成年人能够解决和操作的。		
3. 项目问题对学生有现实意义或价值。		
4. 学生能够独立地实际操作项目的实施步骤，或者使用到学生自己的想法或者发明创造的产品。		
5. 项目问题的解决方案有不止一种可能的正确答案。		
6. 项目问题的解决具有一定的复杂性。		
7. 项目能够提供学生向真实观众展示他们自己或他们的成果的机会。		
8. 项目的内容与课程标准或学校教育的内容相关。		
9. 项目具有明确的培养学生知识和技能的目标。		
10. 项目具有核心概念和具体的知识、技能。		
11. 项目的实施需要到使用核心概念、知识和技能，并且能够将核心概念、知识和技能用于解决现实问题。		
12. 项目的实施需要学生使用专业术语，以及科学的、严谨的语言和行为进行交流、表达和操作。		
13. 项目的实施以团队合作为主，项目问题的解决需要学生与他人沟通、合作。		
14. 项目学习中需要学生使用自我管理技能（例如，时间管理、资源分配、制定工作计划等）。		
15. 项目的实施需要学生从教材以外获取信息、数据等。		
16. 在项目实施的过程中教师具有实质性的角色扮演，参与到学生的项目实施和问题解决活动中。		
17. 学生能够就项目内容或问题解决与有经验的成年人进行沟通、讨论。		
18. 项目的评价标准清晰，没有歧义。		
19. 项目评价的内容多样化，不仅评价学生对知识和技能的掌握，还包括高阶思维能力、合作能力、自我管理能力等。		

续表

评 分 标 准	是	否
20. 学生对项目的评价标准熟悉，并且形成清晰的理解和解释。		
21. 项目的实施中需要使用信息技术。		
22. 学生需要使用技术辅助解决项目问题、分享和展示项目成果。		

备注：教师可以根据具体项目情况调整表格的内容、评价标准或分值。

第4章 流行病与大数据：与时间赛跑

4.1 项目梗概

本章介绍"流行病与大数据：与时间赛跑"系列的 STEM+课程，由"追踪 COVID-19 的踪迹""流感疫情监测""人类的保护伞"三个主题项目构成。通过项目实施，学习者能够掌握科学研究的基本方法，提升数据意识和媒体素养，重视合作，能够从生物学、社会学、历史学等角度理解和辨析流行病对人类社会的影响。

"追踪 COVID-19 的踪迹"项目采用活动设计，运用探究性学习模式，整合了生物学、科学、数学、历史、社会学，使学习者体验科学研究的流程，掌握实验设计的基本方法、假设与推断方法，培养学习者的阅读、写作与合作等能力，促进学习者理解和认同信息分享的重要性。

"流感疫情监测"项目采用教学设计，运用知识呈现教学模式，整合了流行病学、统计学、技术、数学和科学。在该项目学习中，学习者将要运用统计学原理和方法解决现实世界的问题，像科学家一样开展真实的流感疫情监测工作，学习数据收集、分析的方法，使用软件开展统计工作，并从大数据中挖掘重要信息，提升数据意识和媒体素养。

"人类的保护伞"项目采用教学设计，第一阶段运用知识呈现教学模式，第二个阶段采用探究式教学模式。项目整合了流行病学、免疫学、生物信息学、分子生物学、细胞生物学、微生物学、技术和科学，重点培养学习者逻辑推理、归纳、分析问题、写作等能力。在项目学习中，学习者还将获得职业体验，尊重不同的职业岗位，认识和理解团队合作的价值以及社会成员的责任与使命担当。

4.2 追踪 COVID-19 的踪迹

4.2.1 项目内容介绍

- **项目主题的设计**

人类的历史是一部人与病原生物的抗争史。由病原生物引发的流行病或传染病对人类社会的发展和历史走向所产生的影响并不亚于战争、饥饿对人类的影响。SARS（严重急性呼吸综合征）事件、埃博拉出血热以及正在发生的 2019 新型冠状病毒性肺炎，不断地打破人类社会的平静。流行病并不是停留在中世纪的鼠疫，事实上可以导致流行病的致病生物一直潜伏在我们身边。当流行病袭来时，人类要如何应对？这是每个人都必须面对的现实问题。"追踪 COVID-19 的踪迹"旨在唤起学习者对流行病的重视，学习流行病的有关知识和防控手段，正确评价流行病对个人和人类社会的影响，激发学习者珍视生命，尊重自然，敢于肩负起作为社会成员的责任。

- **活动目标**

（1）学习者能够根据病原微生物的生物学特性写出 2019 新型冠状病毒的传播途径。

（2）学习者能够写出假设，设计出追踪新冠肺炎受感染者的实验方案。

（3）学习者能够收集数据定位出受感染人群，并推断出 2019 新型冠状病毒在人际间传播的关系网图。

（4）学习者能够收集数据并计算出流行病的传播速率。

（5）学习者能够运用证据表达个人观点，分析流行病在人类社会历史中的作用。

（6）学习者能够理解个人的社会价值，理解分享的重要性，并能够有效地开展合作。

（7）增强学习者对社会现象的关注度和兴趣。

- **活动描述**

本项目由四个环节构成。第一个环节由教师创设情景，运用信息技术向学习者展示相关的信息，例如流行病疫情的新闻报道、病原微生物的生物学特性等，引导学习者从大量的信息中挖掘必要信息，基于相关信息推断新型冠状病毒传播的途径。在第二个环节，教师"搭支架"，推动学习者自行设计并实施实验，在这个环节，学习者一边开展实验活动，一边记录好个人的观测数据，然后通过合作学习，共享数据，并从数据中推测出病毒传播的路径。在第三个环节，教师引导学习者从收集的文字等资料中挖掘信息，利用统计学方法和软件计算病毒传播的速度。在第四个环节，进行阅读学习和讨论，引导学习者理解病原生物及流行病在人类社会发展中的影响。

- 知识类型
  - ✓ 概念：病原微生物；传染病；对照实验；流行病
  - ✓ 技能：科学研究的能力；计算；写作；信息能力；合作；创造力
- 项目安排
  - ✓ 课时：3—5节课，每节课60分钟
  - ✓ 年级：高中（部分内容也适用于初中和小学的高年级学段）
  - ✓ 涉及学科：生物学；科学；数学；历史；社会学

4.2.2　项目实施过程

● **活动开端**

✓ **预备：**（1）组建合作学习小组；（2）分发学习单。

✓ **导入：**

（1）切入话题。教师讲述"流行病是指能够造成大规模人群感染的疾病，往往在较短时间内广泛蔓延，比如大家熟悉的流行性感冒，曾经改变欧洲社会结构的黑死病。得益于技术的发展，信息传播非常便捷，传播速度也大大加快，2002 年爆发的 SARS 事件，2014 年全球蔓延的埃博拉病毒病，2019 年年底发生的新冠肺炎，使我们足不出户便能了解到局部区域、全球范围发生的传染病和流行病事件"。

（2）引起关注。教师播放新冠肺炎的新闻，引导学生关注疫情的传播，然后用图、表呈现新冠肺炎疫情发展的数据，启发学生依据数据推测疫情的严重程度和发展态势，判断新闻内容的科学性与合理性。教师请个别学生陈述自己从新闻、数据中获取的疫情信息，教师再进行口头总结或者运用信息技术展示"新冠肺炎具有人际间的传播性"和"传播路径的区域特点"。

> **教 学 提 示**
>
> 目前，一些成熟的项目学习都配有课程资料包，包含课件、PPT 制作素材、阅读资料、网上链接、工具包等，这些课程资料包是针对特定项目定制的，犹如一份教学"说明书"，对教师进行项目学习培训时，倾向于辅导教师按照固定的流程进行教学，导致"菜谱式"教学现象出现，对于教师个人发挥主体创造性产生了一定的阻碍作用。
>
> 在实际教学中，每个教师的教学风格迥异，学生们也有各自的学习风格，教学是一个多元互动的过程，具有生成性特点，这些因素使得每节课都成为一个由教师和学生们、甚至其他参与者（如实验员、校外人员等）共同创生、创

新的作品。使用现成的课程资源包时，尤其是使用引进国外项目学习资源时，容易出现教师和学生不适应、项目推进遭遇"水土不服"的现象。要想从容地开展"私人定制"的项目学习，教师可以在课程资源建设和使用方面寻求突破，有几点细节需要教师特别注意。

以本项目为例，有关2019新冠肺炎的资料较多，教师应当选择官方来源的数据，以保证信息的真实性和准确性。在选取资料时，教师首先应当明确资料的具体用途，比如，这个教学案例中"病原微生物的传播路径"是项目学习的核心，因此，教师设计利用新冠肺炎新闻让学生们了解疫情是从某个地方发起，然后迅速扩散，突出疫情的传播性和传播的快速程度，从而引导学生们更快地关注到"传播"。在明确了课程资源的用途后，教师从互联网上搜集资料，包括视频新闻、音频新闻、文字新闻等，再对这些资料进行编辑（例如，文字编辑）和剪辑（可以使用格式工厂、高级版本的PPT等软件），最终加工成一个短视频（时长不超过1分钟），既保证新闻内容完整，又突出"传播性"的内容。

本教学案例中还展示了新冠肺炎疫情的追踪数据，旨在启发学生从数据中挖掘有效信息。为此，教师对搜集到的数据进行了加工，用图或表的形式呈现（注意：对于展示大量的数据，图或表的形式比文字更有效，例如，条形图展示新冠肺炎疫情人数增长趋势），帮助学生在较短的时间里发现问题，做出判断。

(3) **陈述目标**。教师陈述"2019新型冠状病毒是如何传播的？我们如何追踪疫情的发展？今天我们将要用眼睛'看一看'2019新型冠状病毒的传播路径"。

● **活动过程**

✓ **启发与支架环节**

(1) **COVID-19的主要传播途径**。教师讲述"从刚才播放的新闻和一系列数据中，我们得知新冠肺炎具有人际间传播的特点，简言之病毒可以从一个人传至另一个人。目前研究人员已经确认2019新型冠状病毒是导致新冠肺炎的元凶，那么这种病毒在人群中是如何传播的呢？"教师向全体学生提问"同学们学习过传染病的相关知识，请大家回忆一下传染病的传播有哪些途径呢？"教师可以请个别学生回答或者要求学生集体回答。接着教师利用信息技术展示 2019 新型冠状病毒的结构及其诱发的新冠肺炎的发病症状，引导学生们从这些信息中归纳出新冠肺炎的主要传播途径。待学生们在学习单上写出答案后，教师使用图片展示 2019 新型冠状病毒可以通过飞沫、呼气近距离传播，形成气溶胶传播，以及接触病毒污染物传播。

教师继续提问"现在我们知道了新冠肺炎的主要传播途径，那么该如何防护呢？请同学们在学习单上写出针对不同传播途径的防护措施"。待大部分学生在学习单上写出答案后，教师使用图片或者表格展示防疫的有效措施，并总结"当知道了病原微生物的传播途径，我们就能采取有效的防护措施应对病原微生物的侵染，控制疫情的蔓延"。

(2) 阻止疫情蔓延。教师提问"我们如何阻止疫情蔓延呢？阻止疫情蔓延的关键环节是什么？"请学生们开展小组讨论，限时 5 分钟。教师巡视各小组的讨论进展。讨论结束后，由各小组派出代表做陈述，之后，教师总结"控制传染源，切断传播途径，保护易感人群是预防传染病的关键环节，我们可以从这三个环节着手阻止疫情蔓延"。

教师继续提问"2019 新型冠状病毒能够在人与人之间传播，那么，我们如何控制传染源呢？"教师倾听个别学生或者全体学生回答，然后讲述"从新闻报道和研究数据中，我们发现 2019 新型冠状病毒能够在人际间传播，其快速传播与人口流动有密切关系。如果我们找到了早期受感染者，调查到这些受感染者的行动轨迹，是不是就能够在一定程度上追踪到与早期受感染者接触的其他疑似感染人群呢？对受感染者和疑似感染人群进行隔离、治疗，就是控制传染源的重要措施。"

(3) 宣布探究活动的任务。教师讲述"接下来，我们要设计一个研究方案，模拟新冠肺炎传播的实验，目的是通过控制传染源来控制疫情，保护民众健康安全。同学们以小组为单位，代表不同的科学研究团队，研究人员需要完成三项任务，第一个任务是定位出 2019 新型冠状病毒的受感染者，找到首位受感染者，第二个任务是追踪 2019 新型冠状病毒的传播路径，并且绘制出人口流动造成疫情传播的关系网图，第三个任务是计算出 2019 新型冠状病毒的传播速率"。

接着，教师提出探究活动的要求，第一个环节由各小组进行头脑风暴，讨论设计研究方案，限时 20 分钟。第二个环节是召开圆桌会议，各小组派出代表共同商议研究方案，其他小组成员旁听，在必要时小组成员可以随时举手提出意见，会议直到达成共识为止，限时 20 分钟。第三个环节是由各小组合作共同制作出一份完整且详尽的研究方案提呈给教师，限时 10 分钟。第四个环节是全体同学按照设计的研究方案亲自参与到模拟实验中，并且实施数据采集和数据处理，最终完成三项任务，限时 60 分钟。教师强调对研究方案设计的评价，即研究方案必须具有可行性、科学性，模拟实验尽可能地接近现实世界的情景，数据必须具有真实性。

教 学 提 示

本项目提供的探究活动要求全体学生共同参与，通过这个探究活动的实施，以期达成活动目标"(6) 学生能够理解个人的社会价值，理解分享的重要性，并能够有效地开展合作"。考虑到全体学生共同参与，为了保证活动的成功和效率，在这个教学案例中教师做了充分的准备。

首先，教师对活动进行了明确的说明，例如，活动是一个模拟实验，活动的目标是"通过控制传染源来控制疫情，保护民众健康安全"，活动包括三项具体的工作任务。教师对活动目标和活动过程中具体任务的清晰阐述，有助于全体学生对活动框架形成一个完整的认识，在理解合作目标方面达成共识，这是学生们成功合作的基础，也是有效实施活动教学的前提。

其次，教师创设了较为真实的情景，如"各小组代表不同的科学研究团队""召开圆桌会议""(全体同学)亲自参与到模拟实验中"等。在疫情面前，"人人平等"，因为每个人都有被感染的风险，在具体的工作中，每个团队代表了不同的利益群体，团队内部的分工也不尽相同，因此每位学生在团队中的参与度和贡献度有可能存在差异。总的来说，在模拟实验中，每位学生都扮演着多个角色，这与真实世界的情形是一致的。那么，学生们如何在模拟的疫情蔓延情景中尽可能地保护自己不被感染，同时又要积极投身到科学研究的工作中以便尽快找到受感染者和疑似感染人群呢？这对学生们将是一个挑战！试想，假如学生们都惧怕被病毒感染，而采取与他人保持在"安全距离"以外，那么这个活动显然无法进行下去，如何避免这种现象出现？如何打破类似的僵局？这对教师也将是一个挑战！

最后，除了对活动目标和任务做了详细陈述外，教师还对活动的流程做了明确的规定，包括活动分为组内头脑风暴、圆桌会议、方案公布、数据采集四个主要环节，每个环节的时间限制和具体的工作。这样的活动说明能够进一步帮助学生深刻理解即将开展的学习形式和学习内容。

✓ **探索与辨识环节**

（1）小组头脑风暴。教师巡视并听取小组讨论，询问他们方案设计的进展、设计的难点是什么。如果需要，运用提问的方式进行提示，例如"如何保证病毒传播的随机性？""如何将模拟实验尽可能接近真实世界的情景？"针对各组暴露的共性问题，教师选择暂停小组讨论，并以提问的方式引导全体学生思考。

头脑风暴结束后，教师根据巡视时的观察记录挑选具有代表性的设计方案（这些方案可以是成功的方案，也可以是失败的方案，或者具有明显的优点和特色），邀请设计方案的小组做陈述，供大家讨论、借鉴。

教 学 提 示

设计模拟新冠肺炎传播的实验是发挥学生们创新力的一个绝好的机会！学生们可能会想出各种各样的方案，比如贴标签、蒙眼睛抓人等，大致的思路较为类似，都是事先指定一位学生模拟病毒或者首位受感染者，而其他学生都不知情，由此开始疫情的传播。

为了保护学生们的创新意识、鼓励学生们发散思维和批判精神，教师没有提前规定好模拟实验的形式，而是先由学生们自主提出设计方案，待学生们形成了自己的方案后，教师也可以提出自己的设计方案供学生们备选，然后组织全体学生对各种方案进行批判、讨论，再形成大家共识的终极方案。

(2) 召开圆桌会议。在本教学案例中，采用溶液混合的方式来模拟 2019 新型冠状病毒的传播，即利用溶液来模拟人体的血液，利用显色反应模拟病毒检测，如果显色，则表示阳性，说明被病毒感染了，如果不显色，则表示阴性，说明未被病毒感染。圆桌会议开始了，学生们代表不同科学研究团队进行合作，主要讨论六个问题：第一个问题是采用什么溶液模拟健康人体的血液？用什么溶液模拟受感染者的血液？第二个问题是选用哪些试剂进行显色反应？第三个问题是如何设置对照实验？第四个问题是模拟人与人的交流情景是什么？安全距离是多少？第五个问题是需要收集哪些数据？第六个问题是模拟实验进行多长时间？

　　讨论结束后，教师对头脑风暴进行点评和总结，同时展示模拟实验所需的试剂与材料，包括牛奶、淀粉水溶液、碘液、20 mL 试管、5 mL 移液枪、记号笔、标签纸。接着，教师一边解释模拟实验的原理，一边进行预实验。教师取出三支试管，依次对试管进行编号，1 号试管装有牛奶，代表健康人体的血液，2 号试管装有淀粉水溶液，代表病毒，3 号试管是将淀粉水溶液与牛奶混合，从外观上看，1 号试管与 3 号试管并没有明显的差别，然后教师分别向三支试管中滴加碘液，让学生们观察颜色的变化。其中，1 号试管是阴性对照，模拟健康人体的血液，滴加碘液后不变色，2 号试管是阳性对照，滴加碘液后会变色，3 号试管是实验组，模拟受感染者的血液，滴加碘液后也会变色。

> **教 学 提 示**
>
> 　　在显色反应中，由于淀粉的结构不同，会导致加入碘液后，出现不同的颜色，直链淀粉遇碘呈蓝色，支链淀粉遇碘呈紫红色，糊精遇碘呈蓝紫色、紫色、橙色等。淀粉与碘的显色反应灵敏度较高，在模拟实验中，牛奶与淀粉水溶液多次混合后，依然能够通过滴加碘液显色将淀粉鉴定出来。因此，教师在提供实验材料时有必要向学生们说明清楚。

　　(3) 发布模拟实验研究方案。经过圆桌会议的商议和讨论，各小组合作编制出模拟实验的详细实施方案，包括学生要写出每位同学分配试管的数目，核算出整个模拟实验所需的试管数目、试剂量等。

在这个过程中,教师可以继续提出有针对性的问题,以确保模拟实验能够顺利进行。例如,教师提问"每位同学领取一支试管还是两支试管呢?"然后请2—3位学生陈述自己的观点,教师对回答做出回应后,向全体学生解释"每位同学应当领取两支试管,分别装入等量的牛奶,其中一支试管用于液体混合,模拟2019新型冠状病毒的感染,另一支试管作为对照处理,用于验证加入碘液后不变色"。教师还可以提醒学生们,记号笔在试管上标记自己名字的首字母和编号(如1号、2号),避免模拟实验中混淆试管。

✓ **第一轮模拟活动**

(1) 模拟活动的准备过程。教师讲述第一轮模拟活动的情景是某地出现了一位受感染者(即首位感染者),科学研究人员要查明经过5分钟该地受感染者的总人数,并找出受感染者,对其进行隔离。在正式开始模拟实验之前,教师再次强调活动的目的是找出传染源,绘制出疫情在人际间传播的关系网图。

教师做出统一规定,1号试管用作对照组,2号试管用作实验组。教师邀请每个小组各派出一名组员到实验台前,向每支试管中加入10 mL牛奶,接着,教师随机抽取一支1号试管(即装有牛奶),用移液枪取出5 mL,弃去,再向这支试管中加入5 mL淀粉水溶液,混合均匀,这支试管里的混合溶液代表被2019新型冠状病毒感染的患者的血液。然后,教师把试管放回试管架,并在试管架上随机调换试管的位置,教师注意记忆好混合溶液试管的位置。接下来,教师请同学们依次来实验台前领取两支试管,用记号笔在试管上标记自己姓名的首字母。在这个过程中,只有教师知道哪支试管是受感染者的血液,对应的学生是谁,而学生们都不知道受感染者的身份。如果课堂时间有限,教师可以在课前准备好试管样品。

> **教 学 提 示**
>
> 在同学们开始模拟活动之前,教师提示学生们注意安全,要求全体同学认真阅读:1."STEM+课程主题项目学习安全承诺书"(见附录);2.写在白板上的实验操作注意事项,如振荡试管内液体时用手捏住试管上部三分之一处,用

> 手腕的力量摇动；移液枪使用说明等。另外，教师提醒同学们在教室内有序走动，注意相互避让。

(2) 模拟活动的实施过程。在模拟的交流情景中（比如模拟在超市里、在火车站的候车室），如果自己与他人有接触（包括语言、肢体）或者突破了安全距离，就必须相互混合2号试管的溶液，主动交流的一方先取自己试管中的5 mL加入对方的试管中，混合均匀后，从中取5 mL加入主动方的试管中，保证双方试管里的溶液均为10 mL。然后每个人在自己的学习单上做好数据记录，包括与谁接触，接触的方式，谁是主动方，接触者的顺序。活动限时5分钟。

活动结束后，所有学生将试管放回到实验台的试管架上，然后教师宣布"有一位学生感染了2019新型冠状病毒，现在我们来找找谁是首位感染者？经过5分钟的接触，有多少新增的感染者？"接下来，教师请每个小组各派出一名组员来给所有的试管滴加碘液，全体学生仔细观察并记录试管颜色的变化结果。

(3) 数据收集与分析。首先，每位学生根据观察到的试管颜色变化，在学习单上记录实验结果，并据此判断与自己接触者中受感染者的身份。然后每位学生绘制与自己接触的人员关系网图。接下来，每位学生要主动与同伴交流，分享自己掌握的信息，共同找出首位受感染者，并绘制出所有活动参与人员的关系网图。全体学生完成数据分析后，教师宣布首位感染者的姓名。

在数据收集与分析的过程中，教师需要提醒学生们以科学研究团队成员的身份进行信息交流与分享，一方面要开展有序、高效的讨论，例如，可以先在小组内讨论，小组达成共识后，再召开圆桌会议，将信息与其他小组分享，另一方面，在进行信息交流时，要使用专业术语以及科学严谨的语言进行交流。

教 学 提 示

在现实世界中，疫情发生后，疫情源头即传染源成为大家非常关心的问题，究竟谁是首位受感染者？为何会遭受病毒侵染？还有哪些受感染者？这些

> 问题都是流行病爆发时控制疫情所面临的重要问题。在模拟实验中,数据收集与分析正是要解决这些问题,也是模拟活动的一个关键环节。学生们对结果的期待更是驱使他们继续探索和发现的重要内驱力,因此,教师应当留出足够的时间让学生们自由交流、分享信息、充分思考,为他们自主探究问题创造良好的氛围。
>
> 在数据分享环节,教师应当对学生们充满信心,相信学生们能够通过信息搜集、交流与分享来破解初始受感染者的身份。因此,教师不要过早地揭晓谜底或者提供线索。

✓ 第二轮模拟活动

(1) 模拟活动的准备过程。教师讲述第二轮模拟活动的情景是某地出现了两位初始受感染者,科学研究人员要查明经过 5 分钟该地受感染者的总人数,并对受感染者进行隔离。

教师准备新的试管,并做出统一规定,3 号试管用作对照组,4 号试管用作实验组。教师再次邀请每个小组各派出一名组员到实验台前,向新取出的每支试管中加入 10 mL 牛奶,接着,教师随机抽取两支 3 号试管(即装有牛奶),用移液枪分别取出 5 mL,弃去,再向这两支试管中分别加入 5 mL 淀粉水溶液,混合均匀,这两支试管里的混合溶液代表了两份被 2019 新型冠状病毒感染的患者的血液。然后,教师把两支试管放回试管架,并在试管架上随机调换试管的位置,教师记忆好混合溶液试管的位置。接下来,教师请同学们依次来实验台前领取两支试管,用记号笔在试管上标记自己姓名的首字母。在这个过程中,只有教师知道哪两支试管模拟受感染者的血液,对应的学生分别是谁,而学生们都不知道受感染者的身份。如果课堂时间有限,教师可以在课前准备好试管样品。

(2) 模拟活动的实施过程。教师宣布继续模拟第一轮活动的交流情景,如果自己与他人有接触(包括语言、肢体)或者突破了安全距离,就必须相互混合 4 号试管的溶液,主动交流的一方先取自己试管中的 5mL 加入对方的试管中,混合均匀后,从中取 5 mL 加入主动方的试管中,保证双方试管里的溶液均为 10 mL。然后每个人在自己的学习单上做好数据记录,包括与谁接触,接触的方式,谁是主动方、接触者的顺序。活动限时 5 分钟。

活动结束后,所有学生将试管放回到实验台的试管架上,然后教师宣布有两位学生感染了 2019 新型冠状病毒,请同学们找出这两位感染者,并且计算一下经过 5 分钟的接触后新增感染者的人数。接下来,教师请每个小组分别派出一名组员到实验台前给所有的试管滴加碘液,全体学生观察并记录试管颜色的变化结果。

(3) 数据收集与分析。首先,每位学生根据观察到的试管颜色变化,在学习单上记录实验结果,据此判断与自己接触者中受感染者的身份,并绘制与自己接触的人员关系网图。然后,每位学生要主动与同伴交流、分享自己掌握的信息,共同找出两位初始受感染的同学,再召开圆桌会议,全体学生合作绘制出所有模拟活动参与人员的关系网图。全体学生完成数据分析后,教师宣布两位初始感染者的姓名。

✓ **第三轮模拟活动**

(1) 模拟活动的准备过程。教师讲述第三轮模拟活动的情景是某地出现了一位受感染者(即首位感染者),科学研究人员要查明经过 10 分钟该地受感染者的总人数,并对受感染者进行隔离。

教师再一次拿出新的试管,规定 5 号试管用作对照组,6 号试管用作实验组。教师邀请每个小组各派出一名组员到实验台前,向新取出的每支试管中加入 10 mL 牛奶,接着,教师随机抽取一支 5 号试管(即装有牛奶),用移液枪分别取出 5 mL,弃去,再向这两支试管中分别加入 5 mL 淀粉水溶液,混合均匀,这支试管里的混合溶液代表了被 2019 新型冠状病毒感染的患者的血液。然后,教师把这支试管放回试管架,并在试管架上随机调换试管的位置,教师记忆好混合溶液试管的位置。接下来,教师请同学们依次来实验台前领取两支试管,用记号笔在试管上标记自己姓名的首字母。在这个过程中,只有教师知道哪支试管是受感染者的血液以及对应的学生身份,而学生们对此是不知情的。如果课堂时间有限,教师可以在课前准备好试管样品。

(2) 模拟活动的实施过程。教师宣布模拟第一轮活动的交流情景,如果自己与他人有接触(包括语言、肢体)或者突破了安全距离,就必须相互混合 6 号试管的溶液，主动交流的一方先取自己试管中的 5 mL 加入对方的试管中，混合均匀后，从中取 5 mL 加入主动方的试管中，保证双方试管里的溶液均为 10 mL。然后每个人在自己的学习单上做好数据记录，包括与谁接触，接触的方式，接触者的顺序。活动限时 10 分钟。

活动结束后，所有的学生将试管放回到实验台的试管架上，然后教师宣布这次有一位学生感染了 2019 新型冠状病毒，我们要来找找首位感染者是谁，经过 10 分钟的接触，新增的感染者人数是多少。接下来，教师请每个小组分别派出一名组员到实验台前给所有的试管滴加碘液，全体学生观察并记录试管颜色的变化结果。

（3）**数据收集与分析**。首先，每位学生根据观察到的试管颜色变化，在学习单上记录下实验结果，判断与自己接触的学生中受感染者的身份，再绘制与自己接触者的关系网图。接下来，全体学生合作找出首位受感染者，绘制出所有受模拟活动参与者的关系网图。待学生们准备好答案后，教师揭晓这位感染者的身份。

✓ **数据追踪环节**

（1）**数据挖掘**。所有的模拟活动结束后，将产生三个疫情传播的人际关系网图，由圆桌会议讨论派出一名或三名学生将三份关系网图向大家做汇报，以确保全体学生对模拟活动的结果有清晰的理解。

接下来，教师要求学生们根据关系网图和模拟实验中的相关数据计算出每一轮模拟活动里新冠肺炎的传播速度，并对三轮模拟活动中病毒的传播速度进行对比，引导学生思考两个问题，第一个问题是随着时间的延长，受感染者的人数呈现何种变化趋势？第二个问题是如果初始受感染者人数增多，新增感染者的人数将呈现何种变化趋势？教师提示请学生们用图或表的方式形象地展示数据，并从数据中提炼有价值的信息。

（2）**新闻发布会**。教师提问"作为新冠肺炎疫情的科学研究人员，你受邀出席疫情发展动态的新闻发布会，你将用什么方式把追踪到的疫情数据向公众发布呢？"教师要求小组开展头脑风暴，并把新闻发布会的方案设计和新闻内容写在学习单上，待各小组完成任务后，请每个小组分享他们的方案。最后，教师引用《新闻联播》节目播报在每日全球新冠肺炎累计确诊病例数和新增新冠肺炎本土确诊病例数，向同学们展示疫情传播速度。

教 学 提 示

在"数据追踪环节"的新闻发布会模块,在思考如何呈现疫情数据时,学生们会有不同的想法,有的学生可能会选择文字新闻稿,有的学生可能打算用表格形式展示数据,还有的学生可能会用作图的形式展示。在学生们进行小组头脑风暴时,教师应当巡视,听取学生们的方案,并且进行必要的指导,这些内容包括让学生明白对于数据信息的呈现方式多种多样,各种方式的使用条件和效果千差万别。例如,对疫情严重程度的描述可以用文字展示,表示每日新增受感染者人数的数据时,使用统计图的效果要比文字和表格会更好。再比如,选用统计图展示数据时,要区分线型图、条形图、直方图的使用条件,线型图和直方图适用于计量资料,条形图适用于计数资料,如果展示每日新增受感染者的数据时,应当使用条形图。

✓ 流行病与人类社会

(1)在经历了模拟2019新型冠状病毒传播的活动和数据追踪环节之后,学生们可能对疫情传播的速率之快、受感染者人数之多感到惊讶!教师继续引导学生们思考,随着技术和经济的发展,人口迁移范围扩大,人口流动频繁,疫情会随着人口的迁移和流动而广泛传播。教师讲述"流行病在人类社会发展中起着至关重要的作用,能够影响历史发展方向和进程,但相比于农业、战争、科技,却常常是容易被人们忽视的因素"。教师可以利用信息技术展示历史上重大的流行病,也可以通过提问让学生们来说一说大家知道的流行病,接着,教师提问"流行病究竟是如何影响历史进程的?如果没有发生流行病,历史会是什么样子的?"教师提出学习要求,开展小组合作学习,可以查阅图书,或者利用互联网等媒介搜集资料,形成自己的观点,撰写小论文,然后根据自己的观点,创作一个历史故事,写一写"如果没有流行病,历史将会是这样子的……"如果课堂时间有限,教师可以让学生们在课后完成创意写作。

(2)在分享会上,教师请几位学生将自己的作品大声朗诵,让其他学生对作品进行评价。

> **教 学 提 示**
>
> 当学生们已经形成初步的创作思路后，教师可以邀请语文老师或者作家为学生们做一场有关创意写作的指导报告，不仅能够激发学生们对独立创作和写作的兴趣，还能帮助他们掌握一些写作技巧。要知道，一个有质量的创作作品能够给创作者带来极大的信心，并且对维持创作兴趣起到积极的促进作用。
>
> 关于流行病与人类社会这个话题，涉及历史、社会学等学科知识，因此，教师还可以邀请历史老师、相关领域的学者或专家等一起参加分享会，评价学生们的作品，为他们提供相应的指导和建议。

● 活动结尾

在项目学习的结尾，首先教师让学生们来说一说关于流行病他们知道了哪些内容？从模拟活动、数据分析和创意写作中有什么收获？并把这些收获记录在学习单上。

其次，教师强调在历史长河中，相比于英雄人物、著名战役，人类较少论及细菌、病毒这样小小的病原微生物的功过是非，但是谁也不能否认病原微生物在人类历史发展中的重大影响。在全球化时代，一个国家每天的人口流动都可能大大超过原始社会、农业社会、甚至早期工业社会一年内的人口流动。教师引导学生思考，人口的密集流动和频繁迁移是人类社会进步的结果，这也将不可避免地加快流行病的传播，人类如何抗衡、战胜流行病？这是每个人都要面对、并需要积极去解决的现实问题。

最后，教师引导学生反思个人的社会价值，个人参与社会活动、与他人合作、共同分享信息对人类社会的发展具有重要的意义。

● 活动评价

✓ 评价时间：

项目结束后（比如在创意写作之后）。

✓ 评价任务：

（1）自我评价（请见"追踪 COVID-19 的踪迹"项目自我评价量表）。

（2）专家评价，教师将评价意见写在学生的学习单"八、教师评语"上。

4.2.3 项目设计解析

□ 教学目标设计解析

通过"追踪 COVID-19 的踪迹"这个项目的实施,预期实现本书设计的 STEM+课程的七个课程目标。

从设计的角度来看,一方面,本项目是以真实世界存在的问题(即以 2019 年新冠肺炎疫情)为活动主题,这个问题是学生在日常生活中不可回避的,甚至有所亲历的,另一方面,项目的进展和完成程度依赖于学生亲自参与的广度和亲身体验的深度,本项目正是从这两个方面着手实现课程目标"(1)能够增强对人类、自然和社会现象的兴趣和好奇心"。从实施的过程来看,本项目选取"2019 新型冠状病毒引发的流行病"这一社会热点开展教学,采用活动设计和探究教学模式,活动和探究过程的进展情况受制于每一位学习者,他们的参与度越高、合作越融洽,活动进展则越顺利,学习效果也将越显著。因此,通过项目的实际进展情况可以判断教学目标"(7)增强学生对社会现象的关注度和兴趣"的达成情况,从而支撑课程目标有关增强学习者对人类、自然和社会现象的兴趣和好奇心的实现。

课程目标"(2)能够理解人类、自然和社会的相互作用及其产生的多维度效应和综合影响"的达成主要落实在教学目标"(5)学生能够运用证据表达个人观点,分析流行病在人类社会历史中的作用"。

在课程目标中,"(3)掌握科学工作的流程"蕴含了科学工作流程的构成要素和科学工作流程的体验两个方面,落实在教学目标"(1)学生能够根据病原微生物的生物学特性写出 2019 新型冠状病毒的传播途径""(2)学生能够写出假设,设计出追踪新冠肺炎受感染者的实验方案""(3)学生能够收集数据定位出受感染人群,并推断出 2019 新型冠状病毒在人际间传播的关系网图""(4)学生能够收集数据并计算出流行病的传播速率"。

课程目标"(4)能够运用跨学科思维、逻辑推理以及多学科知识和技能分析解决现实问题""(5)发展批判质疑、反思、创新创造以及沟通合作、自我管理的能力"和"（6）能够有效使用与评价技术和媒体信息、创造信息与媒体产品"则体现在项目的具体环节，包括模拟活动的设计和实施、数据分析、新闻发布会、创意写作以及分享评价过程。

课程目标"（7）能够尊重差异、适应变化、愿意承担促进可持续发展的社会责任"对应于教学目标"（6）学生能够理解个人的社会价值，理解分享的重要性，并能够有效地开展合作"。

根据布鲁姆认知领域目标分类法，上述教学目标（1）属于知道和领会层面，涉及简单的、低阶的思维活动，而教学目标（2）、（3）、（4）、（5）和（6）要求学生能够在不同的情景中对所学知识进行应用实践（例如，将淀粉溶液遇碘变蓝的显色反应运用到模拟活动中），对遇到的具体问题进行分析、推断以及评价，这些都是复杂的、高阶的思维活动。

□ 跨学科整合设计

本项目主题涉及生物学、科学、数学、历史学、社会学。活动中有关"病原微生物的传播途径""流行病的防控方法"等内容属于生物学范畴。整个项目的教学是以活动的形式呈现，在活动的各个环节又以学习者自主探究的方式具体展开，探究的过程实际是科学研究的过程，需要运用实验设计、变量控制方法、假设、数据收集与分析、推断等科学研究的知识和技能，这属于科学的范畴。

在模拟活动之后的"数据追踪环节"，教师进一步利用模拟活动收集到的资料引导学生挖掘数据等信息，学生则运用数学思维、逻辑思维等，计算疫情传播速率，从而深刻认识疫情的发展态势，这部分内容属于数学范畴。

在活动的最后一个环节，学生们通过收集资料、阅读、创意写作完成一段历史改编，从而理解流行病在人类发展历程中的地位，反思人类与自然、社会的复杂关系。这一部分则融合了历史学、社会学等学科的内容。

4.2.4 项目拓展方向

本项目可以从多个角度进行拓展,此处为教师提供若干拓展的案例:

案例1:选择某些流行病(例如鼠疫、霍乱等),让学生探究和分析流行病爆发的生物学原因、气候原因和社会学原因,并制定预防流行病的策略和措施。以鼠疫为例,鼠疫的发生需要细菌(即耶尔辛鼠疫杆菌,寄生于豚鼠、田鼠等啮齿动物体内)、家鼠(媒介)、跳蚤(媒介)、人这四个关键点,鼠疫杆菌侵染人体是鼠疫病的生物学原因。鼠疫常常爆发于温暖潮湿的季节,而在寒冷干燥的季节有所减缓,原因是鼠疫杆菌的繁殖需要温暖潮湿的环境,这属于气候原因。鼠疫杆菌从其他动物传播到人体的过程与生态环境改变(主要是指野生动物栖息地遭到破坏、人类进入野生动物生境)、水陆交通运输、货物贸易、社会公共卫生、经济等因素有密切关系,这些属于社会因素。当然,在具体地区鼠疫的发生还会有其特殊的原因。教师可以提供有关鼠疫的历史资料,让学生反思历史,从中获得启发,还可以设计活动,结合现实世界,讨论鼠疫发生的新的潜在原因,比如,气候变暖、局部区域的降水增多、经济发展与人口流动是否会增加鼠疫爆发的可能性。事实上,直至今日,鼠疫并没有消失。虽然如今的公共卫生系统已经大为改善,鼠疫发生的部分条件得以控制,但是感染鼠疫的个体病例还时有发生,尤其是在野外近距离接触旱獭(即土拨鼠)、豚鼠,食用野生生物的行为,都可能感染上鼠疫杆菌。当学生们理解了鼠疫的诱发因素后,就可以针对生物学原因、气候原因和社会学原因等,设计预防相应的预防和防控策略与措施了。

案例2:以基于人类行为(如迁移、流动等)的流行病传播为主题,根据学生的学习水平,挑选一些简单的模型,让学生利用计算机进行模拟预测,帮助学生认识流行病预测的重要价值。

案例3:教师还可以列举细菌、寄生虫等不同类型的病原生物,围绕各种病原生物的传播方式和传染病或者流行病的预防途径(控制传染源、切断传播途径和保护易感人群)设计项目。在项目成果方面,可以探索多样化的产出形式,比如,让学生设计和制作有关病原微生物或流行病传播的宣传海报以及科普作品,丰富学生拓展知识和提升多种技能的途径。

4.2.5 "追踪 COVID-19 的踪迹"项目学习单

一、概念词典

1. 病原微生物：也称病原体，是指能够侵入人体，引起感染甚至传染病的微生物，包括寄生虫、细菌、真菌、支原体、衣原体、立克次氏体、病毒等。

2. 传染病：是指病原微生物感染人体后产生的有传染性、在一定条件下可造成流行的疾病。传染病流行需要三个基本环节，即传染性、传播途径和易感人群。针对传染病流行的三个基本环节，预防传染病的三个途径包括控制传染源，切断传播途径，保护易感人群。

3. 对照实验：包括实验组和对照组，实验组是指接受实验变量处理的对象组，对照组也称控制组，是不接受实验变量处理的对象组。对照组可以分为空白对照、阴性对照和阳性对照。空白对照是指不施加处理因素的组。阴性对照是指不会出现预期结果的组。阳性对照是指能够出现预期结果的组。

4. 流行病：是指能够造成大规模人群感染的疾病，往往在较短时间内广泛蔓延。

二、COVID-19 的主要传播途径

传 播 途 径	推 断 依 据	防 护 措 施

三、制定研究方案

1. 小组头脑风暴记录表

小组讨论记录

组员1：

组员2：

组员3：

……

研究假设与设计方案：

2. 圆桌会议记录表

小组讨论记录 小组 1：   小组 2：   小组 3：   ……   研究假设与设计方案：

3. 研究方案设计

实验器具和材料：

健康人体血液的模拟：

受感染者血液的模拟：

病毒检验的方法：

试验处理（对照组、实验组）：

模拟人际间交流的情景（安全距离）：

四、模拟实验活动

1. 第一轮模拟活动

（1）2019 新型冠状病毒的传播路径

接触者序号	接触者姓名	主动方	接触行为	是否为受感染者

（2）首位受感染者及其他感染者的关系网图

2. 第二轮模拟活动

（1）2019新型冠状病毒的传播路径

接触者序号	接触者姓名	主动方	接触行为	是否为受感染者

（2）首位受感染者及其他感染者的关系网图

3. 第三轮模拟活动

（1）2019新型冠状病毒的传播路径

接触者序号	接触者姓名	主动方	接触行为	是否为受感染者

（2）首位受感染者及其他感染者的关系网图

五、数据追踪

（1）请根据三轮模拟活动所获数据，计算疫情传播速率。

第一轮模拟活动中疫情传播速率：

第二轮模拟活动中疫情传播速率：

第三轮模拟活动中疫情传播速率：

（2）作为新冠肺炎疫情的科学研究人员，邀请你参加疫情发展动态的新闻发布会。你将如何向公众呈现 2019 新冠肺炎疫情的最新研究发现呢？

新闻发布会方案设计：

新闻发布内容：

六、如果没有流行病，历史将会是这样子的……

七、我的学习收获是……

八、教师评语

4.2.6 "追踪 COVID–19 的踪迹"项目自我评价量表

评价人：_____

评 分 标 准	非常好	良 好	有待提高	得 分
1. 能够准确描述和理解概念。	4—5	2—3	0—1	
2. 能够提出科学假设。	4—5	2—3	0—1	
3. 能够识别现象中蕴含的多学科知识。	4—5	2—3	0—1	
4. 能够控制实验变量，完成实验设计。	4—5	2—3	0—1	
5. 能够提出不止一种设计方案。	4—5	2—3	0—1	
6. 能够准确测量并记录结果。	4—5	2—3	0—1	
7. 能够进行科学解释和推断，结论准确。	4—5	2—3	0—1	
8. 能够预期可能的探究结果。	4—5	2—3	0—1	
9. 能够顺利完成学习单上的情景题。	4—5	2—3	0—1	
10. 能够采用有效方式展示学习成果。	4—5	2—3	0—1	
11. 能够与同伴配合有序、合作高效。	4—5	2—3	0—1	
12. 能够与他人有效沟通。	4—5	2—3	0—1	
13. 能够在合作中有效地管理自己的情绪。	4—5	2—3	0—1	
14. 能够包容、接纳他人的不同意见、消极情绪等。	4—5	2—3	0—1	
总 分				

备注：教师可以根据具体项目情况调整表格的内容、评价标准和分值。

4.2.7 "追踪 COVID–19 的踪迹"项目评价量表

评价人：_____

评 分 标 准	是	否
1. 项目能够模拟"现实世界"，或者解决真实世界中的问题。		
2. 项目中的问题和过程步骤是成年人能够解决和操作的。		
3. 项目问题对学生有现实意义或价值。		
4. 学生能够独立地实际操作项目的实施步骤，或者使用到学生自己的想法或者发明创造的产品。		
5. 项目问题的解决方案有不止一种可能的正确答案。		
6. 项目问题的解决具有一定的复杂性。		
7. 项目能够提供学生向真实观众展示他们自己或他们的成果的机会。		
8. 项目的内容与课程标准或学校教育的内容相关。		
9. 项目具有明确的培养学生知识和技能的目标。		
10. 项目具有核心概念和具体的知识、技能。		
11. 项目的实施需要到使用核心概念、知识和技能，并且能够将核心概念、知识和技能用于解决现实问题。		
12. 项目的实施需要学生使用专业术语，以及科学的、严谨的语言和行为进行交流、表达和操作。		
13. 项目的实施以团队合作为主，项目问题的解决需要学生与他人沟通、合作。		
14. 项目学习中需要学生使用自我管理技能（例如，时间管理、资源分配、制定工作计划等）。		
15. 项目的实施需要学生从教材以外获取信息、数据等。		
16. 在项目实施的过程中教师具有实质性的角色扮演，参与到学生的项目实施和问题解决活动中。		
17. 学生能够就项目内容或问题解决与有经验的成年人进行沟通、讨论。		
18. 项目的评价标准清晰，没有歧义。		
19. 项目评价的内容多样化，不仅评价学生对知识和技能的掌握，还包括高阶思维能力、合作能力、自我管理能力等。		

续表

评 分 标 准	是	否
20. 学生对项目的评价标准熟悉，并且形成清晰的理解和解释。		
21. 项目的实施中需要使用信息技术。		
22. 学生需要使用技术辅助解决项目问题、分享和展示项目成果。		

备注：教师可以根据具体项目情况调整表格的内容、评价标准或分值。

4.3 流感疫情监测

4.3.1 项目内容介绍

- **项目主题设计**

"流感"是人们最为熟悉的疾病,同时也往往是人们最容易忽视的流行病。每逢流感季节,会有不计其数的人被感染,以美国为例,每年都会有数以万计的人因流感而接受住院治疗。流感病毒有不同的变异株,有的流感病毒不仅能在人际间传播,还能在人类与其他动物之间传播,对人类危害极大。因此,对流感样病例的监测成为掌握流感病毒变异株型、了解流感疫情发展和实施预防控制的重要手段。

本项目聚焦"流感疫情监测",从流感疫情监测的流程、监测数据的分析两个角度设计项目,一方面使学习者了解流感疫情监测工作的内容,理解监测工作的重要意义,学会收集数据的方法,另一方面使学习者学会从大样本甚至海量的数据中获取有价值的信息、合理地评价信息和有效地使用信息的基本方法。通过项目学习,学习者能够理解和体验科学研究的过程,运用统计工具解决现实世界的问题,形成数据意识和媒体素养,增强学习者参与社会事务的积极性和责任感。

- **教学目标**

(1)学习者能够依据目的选用恰当的数据呈现形式,会用软件制作统计表、统计图。

(2)学习者能够质疑、判断和评价媒体信息,并提供相应的证据。

(3)学习者能够运用统计方法和软件工具对流感监测数据进行描述和推断分析。

(4)学习者能够设计出适用于班级的流感监测方案。

(5)学习者能够在班级开展流感监测工作,收集和整理数据,写出监测报告。

(6)学习者能够理解多方参与及合作的重要性。

- **教学描述**

本项目的教学过程分为课堂内学习和课堂外实践两个部分。课堂内的项目学习包括两个阶段，均采取知识呈现教学模式。在第一阶段，按照"监测目的""监测对象""监测机构"和"监测内容"四个模块，为项目学习做好有关流感疫情监测的知识铺垫，在运用知识呈现教学模式过程中，教师特别注意为学习者创造"参与"的机会，激活学习者的思考能力，避免填鸭式教学。在第二阶段，教师围绕"数据表达形式""是真是假?"和"用大数据说话"来设计项目，提供有关流感病例的真实数据，唤起学习者对数据意识和媒体素养的重视，掌握统计学的基本原理、方法和常用软件工具。

课堂外的实践即"流感疫情监测实战"部分，是本项目课堂教学的延伸，采用探究性学习方式。学习者依据之前的学习积累，例如流感疫情监测流程、统计学相关知识等，设计一套适用于所在班级的流感监测方案，并在班级实施此方案，进行数据的收集与整理，制定班级的流感预警措施，最后撰写出监测报告。通过实践探究，使学习者将所学迁移到现实世界，能够分析和解决现实问题，并引导学习者反思多方参与及合作的重要性。

● **知识类型**

✓ **概念**：假设检验；抽样；流感样病例；流行性感冒；描述统计；统计量；推断统计；样本；总体

✓ **技能**：数据处理技能；媒体素养；编程；科学探究的方法

● **项目安排**

✓ **课时**：2—3节课，每节课60分钟

✓ **年级**：高中（也适用于初中和小学的高年级学段）

✓ **涉及学科**：流行病学；统计学；技术；数学；科学

4.3.2 项目实施过程

● **教学开端**

✓ **预备**：(1) 组建合作小组；(2) 分发学习单。

✓ **导入**：

(1) **切入话题**。教师使用PPT展示出大号字体的"流感"字样，然后向全体学生提问"流感是什么？"倾听学生们的回答后，教师用PPT播放流感的概念，即流感是流行性感冒的简称，是由流感病毒引起的一种急性呼吸道传染病。教师要提醒学生们注意流感是一种传染病，流感病毒可以在人与人之间传播，如果造成大规模人群发病，则成为流行病。

教师用PPT播放一个流感监测周报的样例，或者在学习单上印好流感监测周报的样例，提前发给学生们。然后教师向学生们展示如何利用互联网登录"中国国家流感中心"官方网站（http：//www.chinaivdc.cn/cnic/）查找流感监测的相关信息，在这一过程中，教师可以向学生们介绍和展示查找信息的方式和方法。

(2) **引起关注**。教师借助"中国国家流感中心"网站的信息来讲述"流感监测周报是我国对流感样病例的报告形式，用于定时向社会发布每周流感活动水平，由中国疾病预防控制中心和病毒病预防控制所共同完成"。教师在网站上查找出最新的"流感样病例报告"，然后请一位学生来朗读报告的内容，并引导学生们注意"哨点医院"字样。接着，教师提问"请同学们思考一下，报告中的这些数据是怎么获得的呢？这些数据有什么价值？"

(3) **陈述目标**。教师陈述项目学习的任务，"今天我们将以流行性感冒为例，来学习流行病疫情的监测流程和方法，学习数据的收集、统计与分析方法。"

● **教学主体**

✓ **流感样病例的监测**

(1) **监测目的**。教师提问"请同学们想一想，我们为什么要对流感进行监测呢？"可以找个别学生口头回答或者请几位学生在黑板上板书，然后教师对学生们的答案进行总结，接着，用PPT展示流感及流感疫情监测的目的，并解释"监测的目的主要是：1. 实时监测流感活动水平和流行趋势；2. 实时追踪流感病毒变异，及时发现新型流感病毒，并做出预警；3. 为我国及全球流感疫苗株的推荐及抗病毒药物的使用提供依据；4. 为流感大流行的准备和应对提供技术支撑"。

> **教 学 提 示**
>
> 在本教学案例中，教师设计了"为什么要对流感进行监测？"这一问题，这个问题看上去是一个简单的问题，学生们能够很容易地说出"监测能够了解流感发生的时间、发生的地区，传播的趋势以及流感病毒的类型等"，但是想要全面地回答需要学生们发散思维。所以，教师在听取学生们答案的过程中，需要进行提示和引导，比如，帮助学生区分传染病和流行病，流感因其具有传染性，因此可以称为传染病，如果流感在短时间内在大规模人群中发生，这时传染病就升级为了流行病，对流感的监测实际上是对流行性感冒这种具有传染性的疾病的监测，是流行病预警的基础。在明确了流感（传染病）与流行病的关系之后，教师要帮助学生运用联系的观点来思考流感监测事件与流行病预警和防控的关系，与抗病毒药物的开发和使用的关联，从而全面地理解这个问题。

（2）**监测对象**。教师提问"我们是不是需要对所有人进行监测呢？请给出你们的理由"。教师可以找个别同学回答，然后教师向学生们解释"流感疫情监测并不需要对所有人监测，而是有特定的对象，首先要判断流感样病例，就是发热（也就是体温≥38℃），并伴随有咳嗽或咽痛症状的病人，具有流感样病例症状的人才是需要监测的对象"。

（3）**监测机构**。教师继续提问"谁来实施监测呢？"请个别同学回答，然后讲述"同学们还记得刚才我们阅读过的流感样病例报告中的哨点医院吗？哨点医院诊室就是监测的主要机构"。接着，教师使用信息技术播放一段监测的实例，例如，某医院的内科诊室的监测工作实况，并总结"监测机构包括综合医院的所有内科门诊、内科急诊、发热门诊、儿内科门诊、儿内科急诊，以及儿科医院的儿内科门诊、儿内科急诊、发热门诊"，最后再用图或表的形式呈现监测机构的设置。

(4) 监测内容。教师提问"对流感样病例的监测需要记录哪些内容呢?"听听学生们的集体回答,由于教师已经播放过诊室监测的案例,学生们会有一些印象,此时教师可以再回放刚才的监测实况视频,然后讲解"每天哨点医院监测诊室的医务人员会按照科室登记各个年龄组的流感样病例人数和门急诊病例就诊人数,并于每周一 24 时前将哨点医院监测数据录入'中国流感监测信息系统'"。教师强调"这样的监测是全年开展的,正是医务人员准确、及时的监测和汇报病例人员信息,我们才能了解到一手的流感发展情况,这对于判断和预测流感是否升级为流行病至关重要"。

教师再次提问"除了登记人数外,哨点医院还需要采集其他数据吗?为什么?"教师可以请个别学生回答。之后,教师借助信息技术(例如,播放视频或者用PPT展示图片)讲述"哨点医院会采集流感样病例患者的病患处标本,主要是使用鼻拭子、咽拭子分别擦拭鼻腔、咽部或扁桃体,因为这三个部位是我们的呼吸系统与外界连通的部位,取这些部位的分泌物,用来检测是否有致病的细菌或病毒"。接下来,教师展示人体模型、长柄棉签、压舌板、试管、酒精灯、火柴,请学生们扮演哨点医院的医务人员,模拟采集鼻拭子和咽拭子样品。

模拟活动结束后,教师继续讲述"采集到的流感样病例患者的病患处标本将在 48 小时之内送达流感监测网络实验室,在那里的检疫人员会对流感病毒亚型或系做鉴定,鉴定结果出来后,要在 48 小时内录入'中国流感监测信息系统'。此时,监测工作并未完成,网络实验室的样本病毒株还会被逐级送至省级流感参比中心或国家流感中心进行复核鉴定,国家流感中心实验室通过'中国流感监测信息系统'将复核鉴定的结果反馈给送样实验室,并通过我们看到的《中国流感监测周报》向监测网络反馈"。最后,教师强调"流感样病例的监测是需要多方的参与和合作的,每一方都需要在规定的时间内按照标准流程完成相应的任务"。

✓ **数据的表达方式**

(1) 数据呈现形式。教师从"中国国家流感中心"官网上下载若干份流感监测周报,向学生们展示每份周报的"一、流感样病例报告"部分的内容,然后提问"同学们,能从这些报告中获取哪些信息?"在学生们回答的过程中,教师提问一些更为聚焦的问题,例如"第 43 周和第 42 周的流感样病例哪个更多?""一整年里流感样病例数是怎么变化的?"通过这些问题逐步引导学生们关注"数据",教师还可以适时地提问"我们是不是能够非常清楚地从这些文字中获取流感样病例整体发展状况的信息呢?"在全体学生普遍认为从现有的文字描述中很难了解流感的发生情况之后,教师解释"文字是一种非常重要的信息载体,也是我们经常使用的信息传递方式,但是除了文字描述以外,我们还可以用统计表、统计图更加直观地呈现数据,从而帮助我们更好地挖掘数据中隐藏的有价值的信息"。

图 4-1 中国流感监测周报的目录

(2) **统计表**。教师讲述"当我们遇到的数据量非常多时,为了便于数据的比较和计算,我们可以用统计表的形式来展示这些数据。"教师设计了一个"找找相同点"的游戏,依次展示出不同类型的统计表,让学生们从中归纳出统计表的构成要素,游戏结束后,教师总结统计表的构成要素包括总标题、横标题、纵标题、数字资料、单位。

接着,教师打开 EXCEL 软件,以"中国国家流感中心"官网上的流感监测周报数据为例,演示制作统计表的操作流程。然后,向学生们提供一段由文字记录的"2014—2018 年美国流感季节各年龄段流感病情信息",让学生们根据数据的特点绘制出统计表,再从统计表中提炼出数据信息。在练习制表的过程中,教师巡视,并对出现的问题进行针对性地解答和指导。

（3）**统计图**。当学生们都完成了统计表的制作后，教师请个别学生来陈述自己从统计表中获得了哪些信息，然后提问大家"是否能够从统计表中直观地看出每年流感季节流感发病人数的变化趋势呢？能否比较出不同年龄段发病人数的差异呢？"在全体学生认识到统计表的局限性后，教师讲述"大数据时代已经到来，海量数据已经不足为奇。就拿'中国国家流感中心'发布的流感监测周报数据来看，每一周都会记录一组数据，一年有52周，就会形成52组数据，如果是5年，就会产生260组数据，如果追踪的时间越长，数据量就越多。这个时候，再用一张统计表来呈现这些数据，就会显得非常不方便"。接着，教师提问"如果要展示5年的流感样病例数据，同时还想知道流感样病例的年际变化等信息，我们可以用什么方法呢？"听取学生们的回答后，教师讲述"除了用统计表的形式展示数据，我们还可以用统计图来表达数据"。

接下来，教师打开 SPSS 统计软件，选取"中国国家流感中心"发布的近5年的流感监测周报数据制作统计图。教师一边演示制作统计图（在本教学案例中，因为发病人数属于计数资料，对计数资料的次数应绘制条形图）的操作流程，一边讲解统计图的构成要素，包括图题、图目、图尺、各种图线、图注等。演示结束后，让学生操练统计图的制作，完成学习单上"二、统计表与统计图"的相应内容。在学生们练习作图的过程中，教师巡视，并对出现的问题进行针对性地解答和指导。

学生们完成统计图的制作后，教师请个别学生陈述自己从统计图中获得的信息，并对统计表和统计图在表达数据方面进行比较。最后，教师强调"统计图能够直观、形象、清晰地显示数据的特征、变化趋势（如线型图）以及数据之间关系（如散点图、饼图），当数据量越大，统计图的作用就越明显"。

教 学 提 示

在统计学中，统计表和统计图的制作属于描述统计的内容，是以定性的方式展现数据全貌，反映数据的直观分布特征，能够为数据分析人员提供初步的信息。在制作统计表和统计图时，教师应当强调规范化制表作图，培养学生们的严谨态度和专业精神。

在练习制作统计表和统计图时，教师需要事先了解学生们对电脑和相关软件（如本教学案例中的 EXCEL、SPSS、R 软件等）的熟悉程度，据此决定是让学生手绘图表还是在电脑端操作软件制图。如果课堂教学时间有限，教师可以在课前整理好制作统计表和统计图所需的原始数据，印制在学习单上或者在课堂上通过教学网络平台、平板电脑等教学互动工具发布给学生们。

✓ 大数据分析

(1) 对媒体消息的识别与判断。教师讲述"在日常生活中，我们经常能听到有关'儿童和老年人是流感的高危人群'的新闻或消息，这是真的吗？"教师请学生们说一说自己的观点和理由。然后，教师讲述"同学们众说纷纭，莫衷一是，那么我们能用什么办法检验这个说法究竟是真还是假呢？"教师组织小组进行头脑风暴，并把设计方案记录在学习单上，限时15分钟。接着，教师请各小组派出一名组员汇报本组的讨论结果和方案。

(2) 问题转换。要检验"儿童和老年人是流感的高危人群"的消息是真是假，需要解决三个关键问题，第一个问题是合理地划分年龄段，即按照一定的标准划分年龄，以区分儿童、老年人及其他年龄人群；第二个问题是通过随机抽样的方法收集患流感的病例人数，并且明确"高危人群"的样本；第三个问题是采用推断统计的方法对抽样调查的数据进行分析。

听取完各小组的汇报后，教师需要引导学生们寻找评估信息真假的办法，并且提供相关的证据。教师可以运用提问的方式或者适当的提示让学生们自主发现和总结出解决问题的关键环节。例如，提问："什么是高危人群？如何界定流感的高危人群？流感病毒感染人体后，会引起人体出现一些发病症状，凡出现流感病症的人群就算高危人群？还是患流感后发生严重并发症甚至死亡风险较高的人群呢？或者还有其他的划分标准呢？"提问："从哪里获得患流感的病例人数的数据呢？"提示"要验证这个说法是真是假，我们就需要知道各个年龄段人群患流感的病例人数，然后对病例人数进行比较，就可以检验这个问题的真假性了。要完成这项工作，我们首先需要对年龄段进行划分，比如，儿童是指哪个年龄段，老年人是指哪个年龄段"。提问："调查各个年龄段患流感的病例人数可不是一件轻松的事情！这需要巨大的财力、人力等。那么，要怎么解决这个问题呢？"提问"抽样获得的数据成为样本数据，样本数据计算的结果能不能代表真实的情况呢？"等等。

经过学生们的思考和讨论后，教师总结"现在，我们将流感高危人群界定为流感发生后出现严重并发症甚至死亡风险较高的人群，那么高危人群就意味着患流感后需要住院治疗。通过对问题的分解分析，我们把对'儿童和老年人是流感的高危人群'这则消息真假性的判断就转变为'检验患流感后住院治疗的病例人数在各个年龄段之间是否存在差异'这个问题"。

教 学 提 示

在信息大爆炸的时代，每时每刻都有大量的信息充斥着我们的生活，面对传媒信息，我们每个人都必须具备一定的媒体素养，形成正确认识、评判和运用传媒的态度与能力。对信息的理解、质疑、评估是最基本的媒体素养。

在互联网上、社交平台、社区的宣传栏里、科普手册上经常能看到"儿童和老年人是流感的高危人群"这样的说法，这种观点似乎已经是家喻户晓的，然而，事实真的是这样吗？这需要我们基于经验做出判断，更需要我们使用证据来说话。什么是证据？证据就是用真实的数据经过科学、合理的分析与推论所制造的信息。随着网络技术和人类网络行为的发展，大数据的产生和应用为我们提供了一种全新的"看世界"的有力工具。恰当地使用大数据也成为当代及未来人类必须学习和掌握的一种生存技能。

在本教学案例的"大数据分析"环节中，教师设计从产生质疑的态度、寻找评估信息真假的办法、提供相关的证据这三个环节来推进项目学习，每个环节都使用提问或提示的方式让学生反思自主发现解决问题的关键步骤和具体解决办法，最后，教师还要对问题分析的思路和解决办法进行简明扼要的陈述，以确保全体学生都能够理解，便于后续的实际操作能够取得预期的效果。

（3）假设检验。当全体学生对问题的分析和解决办法有了充分的理解后，教师讲述"我们将要使用抽样的办法获得各个年龄段患流感并且接受住院治疗的病例人数的样本，运用推断统计的方法比较样本中各个年龄段患流感住院治疗的病例人数的差异，如果儿童和老年人与其他年龄段人群的病例人数存在的差异达到了统计学上的显著水平，而且病例人数超过其他年龄段的人群，就可以得出结论儿童和老年人是流感的高危人群。这就是假设检验的思路"。

然后，教师借助PPT展示并讲述假设检验的原理和步骤，结合案例展示统计工具R软件的使用方法（教师可以根据自己的习惯使用SPSS软件等统计工具），之后给学生们留出一些时间，让大家阅读学习单上的相关材料，对统计软件有一个初步的认识。接下来，教师以"美国2014—2018年流感季节各个年龄段患流感住院治疗的病例人数"作为抽样数据［数据来自美国疾病预防与控制中心（CDC，Centers for Disease Control and Prevention）］，演示假设检验的过程，如果条件允许，比如在机房上课，教师可以让学生们在电脑端跟着一起操作。

> **教 学 提 示**
>
> 在流感季节，各个年龄段患流感的病例人数是不同的，出现严重并发症甚至有死亡风险的病例人数只是这些人群中的一部分，因此，比较高危人群在各个年龄段之间的差异时，不能直接使用"病例人数"这个数据，而应该将数据进行转换，例如转换为百分比，即出现严重并发症甚至有死亡风险的病例人数在患流感的病例人数中的占比。对此，教师可以设计问题，例如"各个年龄段患流感住院治疗的病例人数是否可以直接用于比较呢？"引导学生们思考数据的可比性，培养数据意识。

在演示结束后，教师组织学生集体讨论假设检验结果的意义和推断所获结论的适切性，例如，检验的结果是65岁以上人群因患流感住院治疗人数的比例显著高于其他年龄段人群的比例，能否说明老年人是高危人群呢？假设检验使用美国的数据，能否推广到更大的范围，比如能否代表中国的情况或者全世界的普遍情况呢？

教 学 提 示

以美国疾病预防与控制中心发布的 2014—2018 年流感季节各个年龄段患流感住院治疗的病例人数为例，检验患流感后住院治疗的病例人数是否在各个年龄段之间存在差异，假设检验的步骤如下：

第一步，数据整理：将原始数据（即病例人数）录入 EXCEL 中，转换为患流感住院治疗病例人数的百分比，然后以 CVS 格式保存在指定工作目录中。

第二步，提出假设：假设包含虚无假设（H_0）和备择假设（H_A），

H_0：患流感后住院的人数在各年龄段之间不存在显著差异，

H_A：患流感后住院的人数在各年龄段之间存在显著差异。

第三步，确定显著水平：显著水平取 $a = 0.05$。

第四步，选用单因素方法分析和 Turkey HSD 后验检验方法，在 R 软件中完成分析过程，

（1）打开 R，在工具栏中点击"文件"，点击"新建脚本程序"，在脚本工作界面输入以下 R 语句。

#hospitalization.ratio <- aov (hospitalization.ratio ~ age, data = influenza.ratio)

#summary (hospitalization.ratio)

#TukeyHSD (hospitalization.ratio)

（2）运行程序，显示结果。

第五步，推断分析，做出结论。单因素方差分析的统计数 $P = 0.000\ 471$，小于显著水平 $a = 0.05$，由此可知，拒绝 H_0 假设，接受 H_A 假设，即患流感后住院治疗的人数在各年龄段之间存在显著差异。根据 Turkey HSD 检验的结果可知，65 岁以上人群与 0—4 岁（$P = 0.001\ 278\ 7$）、5—17 岁（$P = 0.000\ 842\ 9$）、18—49 岁（$P = 0.001\ 893\ 4$）、50—64 岁（$P = 0.004\ 170\ 1$）的年龄段人群均存在显著差异，而且住院治疗病例人数占比高于其他年龄段人群的相应比例，0—4 岁、5—17 岁、18—49 岁、50—64 岁的人群之间没有显著差异。

以上分析表明，在美国，65岁以上老年人是流感的高危人群，因此"儿童和老年人是流感的高危人群"的说法并不完全准确。

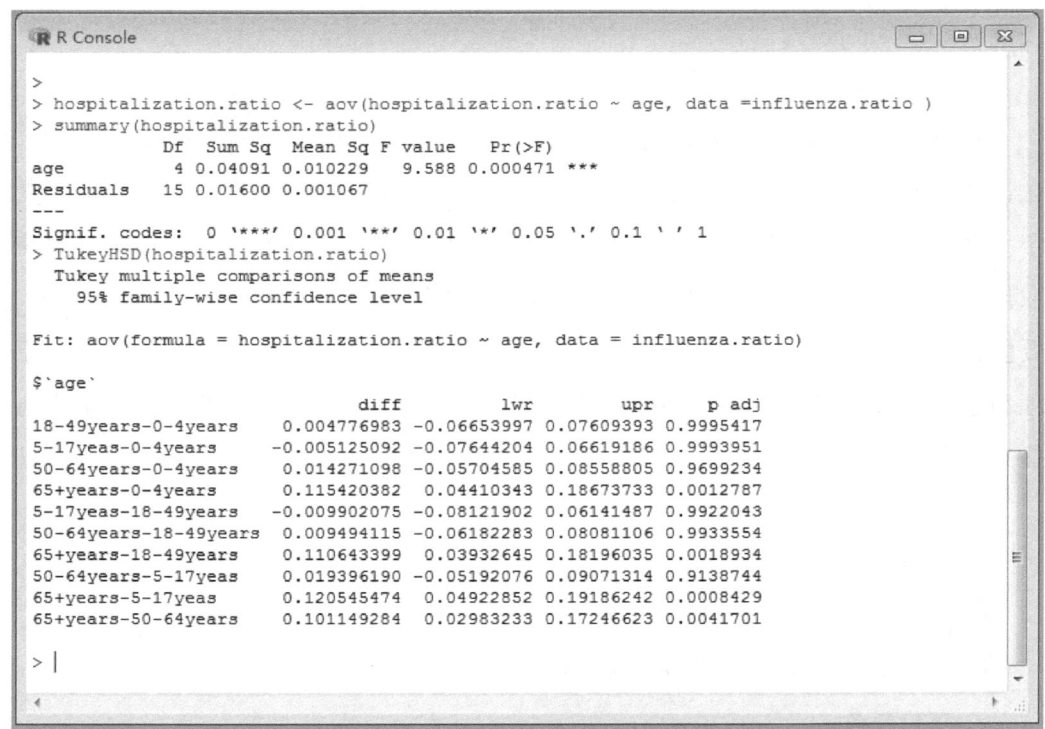

图4-2　R软件中对"患流感后住院治疗的病例人数在各个年龄段之间是否存在差异"的统计过程

（4）用大数据说话。教师讲述完毕，学生进行拓展练习，独立解决学习单上的"五、用大数据说话！"的问题，学会使用假设检验的思路和方法。在学生们练习过程中，教师巡视，进行针对性的指导。如果有个别学生率先完成了练习题，教师可以请他们陈述自己的思路、分析过程和推断结论。

✓ **流感疫情监测实战**

（1）教师提出流感疫情监测方案设计的活动要求。学生们以小组合作形式开展，设计适用于所在班级的流感疫情监测方案，限时20分钟。活动结束后，各小组汇报本组方案，其他小组根据评价表进行评价，由全体学生投票选出最优的流感疫情监测方案。

（2）教师提出流感疫情监测实施的要求。学生们利用流感疫情监测方案收集至少一个学期的数据，分析所在班级学生患流感的人数是否存在性别和季节上的显著差异，然后根据监测数据的分析，制定出所在班级的流感预警措施。最后撰写流感疫情监测的实战报告。

- **教学结课**

教师首先总结流感疫情监测的流程，引导学生们理解流行病监测的重要性，认识到作为社会成员，积极配合流行病监测是非常必要的。其次，强调数据和文字一样都是重要的承载信息的形式，身处大数据时代，我们不仅能够从文字中获取信息，还要学会从海量的数据中挖掘有价值的信息，在纷繁复杂的信息社会里，要能够有质疑精神，学会判断信息真假、评价信息价值的方法，掌握统计学原理和基本方法，能够使用一些统计软件进行信息获取、信息处理、信息评价与信息创造。

- **教学评价**

✓ **评价时间：**

（1）项目学习的课堂教学结束之后。

（2）流感疫情监测实战活动结束之后。

✓ **评价任务：**

（1）自我评价（请见"流感疫情监测"项目自我评价量表）。

（2）流感疫情监测实战评价（请见"流感疫情监测"项目实战评价量表）。

（3）专家评价，教师将评价意见写在学生的学习单"七、教师评语"上。

4.3.3 项目设计解析

□ **教学目标设计解析**

本书设计的STEM+课程的课程目标包括七个方面（请见第2章的"STEM+课程目标设计"部分），通过本项目的实施，预期实现本课程的五个目标，即（3）能够掌握科学探究和工程设计的流程（本项目中是掌握科学探究的方法），（4）能够运用跨学科思维、逻辑推理以及多学科知识和技能分析解决现实问题，（5）发展批判质疑、反思、创新创造以及沟通合作、自我管理的能力，（6）能够有效使用与评价技术和媒体信息、创造信息与媒体产品和（7）能够尊重差异、适应变化、愿意承担促进可持续发展的社会责任感。

在本项目中，教学目标"（1）学生能够依据目的选用恰当的数据呈现形式，会用软件制作统计表、统计图""（4）学生能够设计出适用于班级的流感监测方案""（5）学生能够在班级开展流感监测工作，收集和整理数据，写出监测报告"共同支撑课程目标"（3）能够掌握科学探究和工程设计的流程"。教学目标"（2）学生能够质疑、判断和评价媒体信息，并提供相应的证据"和"（3）学生能够运用统计方法和软件工具对流感监测数据进行描述和推断分析"支撑课程目标"（4）能够运用跨学科思维、逻辑推理以及多学科知识和技能分析解决现实问题"。教学目标"（2）学生能够质疑、判断和评价媒体信息，并提供相应的证据"支撑课程目标"（5）发展批判质疑、反思、创新创造以及沟通合作、自我管理的能力"和"（6）能够有效使用与评价技术和媒体信息、创造信息与媒体产品"。教学目标"（6）学生能够理解多方参与及合作的重要性"支撑课程目标"（7）能够尊重差异、适应变化、愿意承担促进可持续发展的社会责任感"。

根据布鲁姆认知领域目标分类法，上述教学目标（1）和（3）属于应用层面，教学目标（2）和（5）属于评价层面，教学目标（4）归于综合层面，教学目标（6）属于领会层面。通过这些教学目标的达成，本项目将实现对学生低阶思维和高阶思维的培养。

□ **跨学科的整合**

本项目主要涉及流行病学、统计学、技术和数学。具体而言，项目以"流感"为主题，围绕流感样病例的监测推进教学，其中涉及了流行病学的基本知识。

流感疫情监测工作会产生大量的数据，只有对数据进行合理的分析，才能够对疫情形成准确的判断和预测，因此，本项目将流感疫情监测与"大数据"整合，融合了统计学和数学的相关知识，尤其是将统计学原理、基本方法和计算机软件工具运用到对现实世界的真实流感疫情监测数据的分析中。

本项目学习还整合了科学的内容。项目学习不仅有课内活动，还有课外实践，通过"流感疫情监测实战（即班级流感监测活动）"将课内所学知识迁移到现实世界，在整个活动过程中，需要学生们设计出真实世界所适用的监测方案，选择合适的数据收集与处理方法，撰写监测报告等，这些都是科学研究所适用的方法。

4.3.4 项目拓展方向

流感疫情监测不仅是对流感样病例的计数，还包括对流感病毒株的监测，教师可以在流感病毒株的监测方面进行项目内容的拓展，比如，探究流感病毒的各种株型在流感季节的不同时间爆发的情况，比较不同流感株型在各个年龄人群中的传播情况，探究流感病毒的变异等。"流感疫情监测"项目以流感疫情的监测为内容载体，侧重培养学生的数据意识和媒体素养，在项目拓展的设计中，教师还可以创设多样化的情景，比如，让学生以城市管理者或者媒体的身份向公众发布监测数据，除了制作条形图、线型图，还可以绘制热度图呈现地理或区域的监测信息。如果条件允许，教师可以邀请流感疫情监测工作的专业人员（如医生、疾控检验检疫员）来为学生指导，或者带领学生参观流行病监测的机构，帮助学生深刻地认识相关职业和岗位。

本项目展示了我国流感监测的一般流程，教师还可以由此拓展到现代医疗卫生体系的建立和发展，探讨我国及全球防疫体系的建构，以及医疗卫生体系和防疫体系对人类社会发展的贡献。这些问题本身就具有跨学科的特点，围绕这些问题设计主题项目，可以侧重培养学生们的跨学科思维，提升学生们的社会责任感。

4.3.5 "流感疫情监测"项目学习单

一、概念词典

1. 假设检验：又称显著性检验，是根据总体的理论分布和小概率原理，对未知或不完全知道的总体提出两种彼此对立的假设，然后根据抽样的样本数据，经过一定的计算，做出在一定概率意义上应该接受的那种假设的推断。假设检验的步骤包括提出假设、确定显著水平、计算统计数与相应概率、推断是否接受假设。

2. 抽样：按照随机原则，从总体中抽取若干样本的过程。抽样方法包括随机抽样和非随机抽样。

3. 流感样病例：是指发热（即体温≥38℃），并伴随有咳嗽或咽痛症状的病人。

4. 流行性感冒：简称流感，是由流感病毒引起的一种急性呼吸道传染病。

5. 描述统计：是描绘或概括所获得数据的基本情况，显示出其分布特征。主要包括两个方面的内容，一个是通过归类分组、编制图表等统计方法对大量数据进行归纳和整理，另一个是计算出数据的特征量（如平均值、标准差等），以定量方式解释数据的特征。

6. 统计量：通过抽样得到的个体案例集合起来构成样本，根据样本的测量值计算所得的数据称为统计量。

7. 推断统计：是根据样本数据提供的信息，运用概率理论进行分析论证，在一定可靠程度上推断总体的有关特征。

8. 样本：从总体中随机抽取的若干个个体组成的集合。例如，从一个班级抽取部分学生进行测试，被抽取的部分学生就是一个样本。

9. 总体：是指研究对象的全体，具有某种共同特性个体的总和。例如，一个国家的公民，某个池塘里的鲤鱼。

二、阅读材料

1. 疾病预防与控制中心

疾病预防与控制中心是一个国家或地区对本国、本地区的疾病进行预防控制、公共卫生技术管理和服务的机构，例如中国疾病预防与控制中心、美国疾病预防与控制中心、欧洲疾病预防与控制中心。疾病预防与控制中心通常以科研为依托，在各级行政单位建立起多个传染病监测和早期预警系统，对危害人类健康的传染病进行鉴定、评估以及地区与国际交流。从创立至今，世界不同国家和地区的疾病预防与控制中心已经将其工作重心从监测传染病拓展到了发展和应用疾病预防和控制、环境卫生、食品安全、职业安全与健康、放射卫生、妇女儿童保健、预防与教育活动等多个方面，为各地区和世界范围改善公共卫生、创造健康环境、维护社会稳定、促进民众健康做出了巨大贡献。

2. R 软件概述

R 是一种免费的开源软件，具有绘图、计算和数据统计的功能，由统计学家和科学家编写并维护。R 的工作界面朴素而简洁，软件打开后即可看到 R 控制台，是编程语言输入和结果输出的窗口，如果输出的结果是图像，则会弹出一个新的窗口，R 还有编辑器窗口，方便用户撰写、修改和管理编程命令。相比于其他统计软件，R 提供了大量的各种数学计算、统计计算的函数以及开放的统计编程环境，而且 R

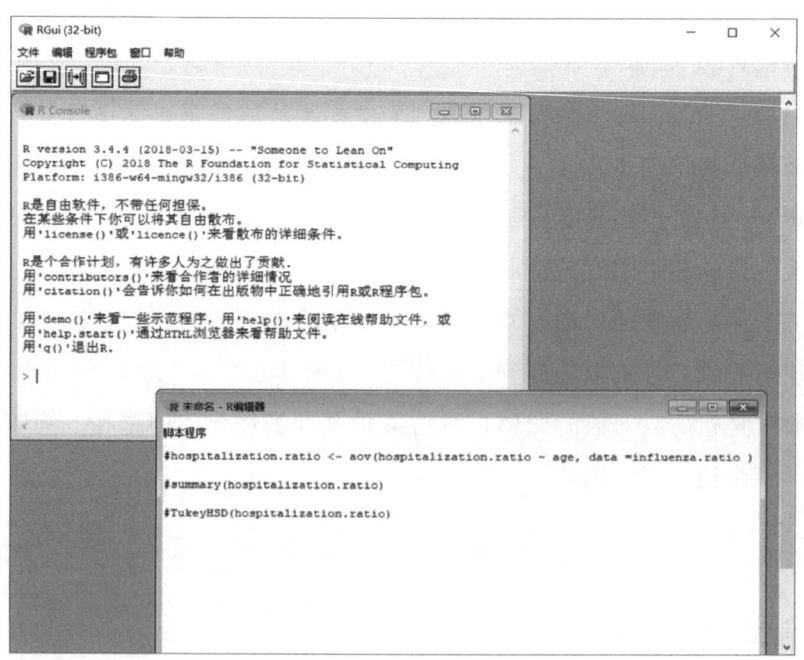

图 4-3　R 软件的工作界面

的编程语法通俗易懂,支持用户编制自己的函数来扩展现有的语言命令,灵活地进行数据分析,因此更新速度较一般的统计软件更快。

3. SPSS 软件

SPSS 是世界上最早的统计分析软件,由美国斯坦福大学的三位研究生于 1968

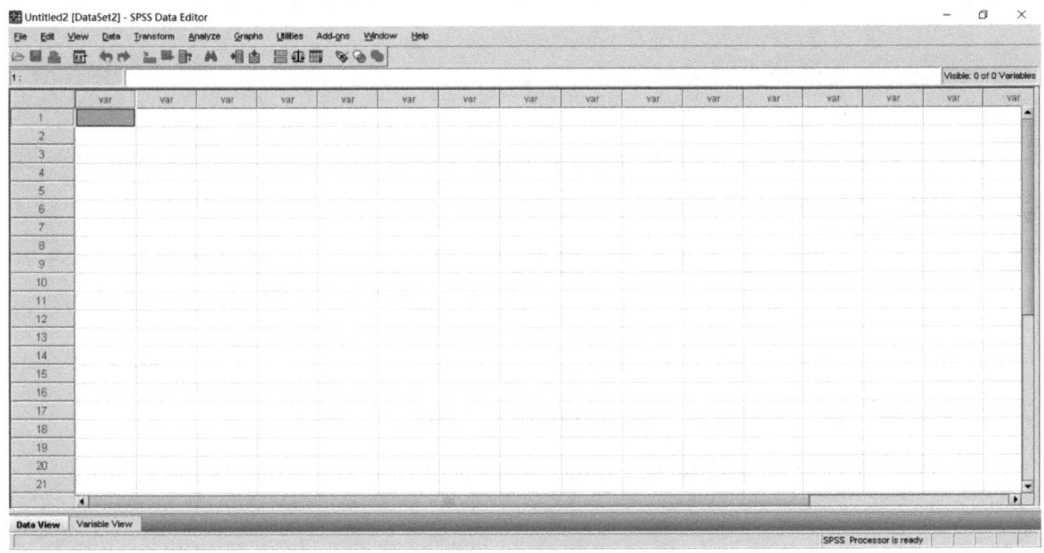

图 4-4　SPSS 软件的数据编辑窗口

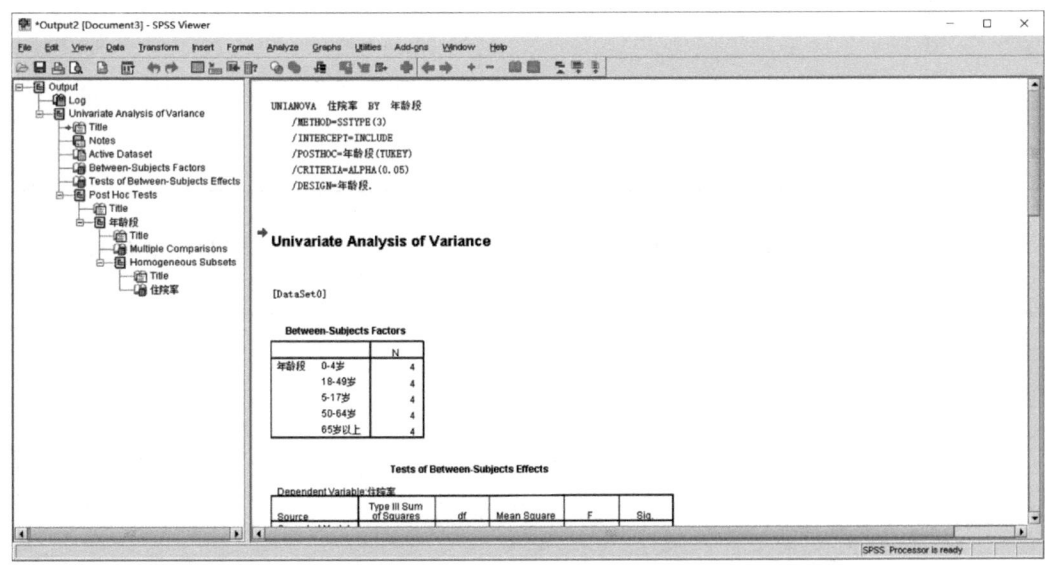

图 4-5　SPSS 软件的结果输出窗口

年研发成功。SPSS 全称是 Statistical Product and Service Solutions，即"统计产品和服务解决方案"，2009 年更名为 PASW（Predictive Analytics Software），即"预测统计分析软件"，2010 年由 IBM 公司收购，重新命名为 IBM SPSS。SPSS 的操作界面友好、输出结果美观，功能齐全，包括数据管理、图表分析、统计分析等，是数据挖掘、预测分析和决策支持的专业软件，在社会科学和自然科学的各个领域应用广泛。

三、统计表与统计图的绘制

从美国疾病预防与控制中心（Centers for Disease Control and Prevention）获悉，在美国 2014—2018 年流感季节，每年 0 至 4 岁发病人数分别是 317 万人、221 万人、232 万人、398 万人；5 至 17 岁发病人数分别是 689 万人、399 万人、615 万人、751 万人；18 至 49 岁发病人数分别是 1 168 万人、972 万人、890 万人、1 443 万人；50 至 64 岁发病人数分别是 1 035 万人、698 万人、887 万人、1 559 万人；65 岁及以上发病人数分别是 834 万人、169 万人、465 万人、731 万人。

1. 请将以上文字信息转换为统计表，然后依据统计表写出你所获得的信息。

2. 请将以上文字信息制作成统计图，然后依据统计图写出你所获得的信息。

四、这个消息是真是假?

在日常生活中,我们经常能听到有关"儿童和老年人是流感的高危人群"的新闻或消息,这是真的吗?请你与小组成员一起讨论,并将小组头脑风暴的内容记录在下表中。

组员 1:

组员 2:

组员 3:

……

解决问题的方案及选择该方案的理由:

解决方案中的关键问题:

五、用大数据说话!

根据美国疾病预防与控制中心的数据,分析流感季节不同年龄段人群因患流感用药的情况是否存在显著差异?请你使用统计软件进行分析。

美国 2014—2018 年流感季节各个年龄段流感病例数据

年 份	年 龄	出现流感症状的人数(人)	使用药物治疗的人数(人)	住院治疗的人数(人)
2017—2018	0—4 岁	3 984 513	2 669 623	27 778
2017—2018	5—17 岁	7512601	3 906 553	20 599
2017—2018	18—49 岁	14 428 065	5 338 384	80 985
2017—2018	50—64 岁	15 588 035	6 702 855	165 307
2017—2018	65 岁以上	7 309 120	4 093 107	664 465
2016—2017	0—4 岁	2 320 000	1 560 000	16 200
2016—2017	5—17 岁	6 150 000	3 200 000	16 900
2016—2017	18—49 岁	8 900 000	3 290 000	50 000
2016—2017	50—64 岁	8 870 000	3 810 000	94 100
2016—2017	65 岁以上	4 650 000	2 600 000	42 300
2015—2016	0—4 岁	2 207 454	1 478 994	15 389
2015—2016	5—17 岁	3 985 210	2 072 309	10 927
2015—2016	18—49 岁	9 717 671	3 595 538	54 545
2015—2016	50—64 岁	6 979 986	3 001 394	74 021
2015—2016	65 岁以上	1 686 841	944 631	153 349
2014—2015	0—4 岁	3 173 121	2 125 991	22 122
2014—2015	5—17 岁	6 891 836	3 583 755	18 897
2014—2015	18—49 岁	11 680 240	4 321 689	65 561
2014—2015	50—64 岁	10 354 222	4 452 316	109 804
2014—2015	65 岁以上	8 336 054	4 668 190	757 823

注:数据引自美国疾病预防与控制中心 Centers for Disease Control and Prevention(CDC)。

问题解决的过程：

六、流感疫情监测实战

1. 请设计本班级的流感疫情监测方案。

小组头脑风暴记录表：

组员1：

组员2：

组员3：

……

流感疫情监测方案设计：

> 评选的最优设计方案以及评选的理由:

2. 请对所在班级进行流感疫情监测,根据监测数据分析班级学生患流感的人数是否存在性别和季节上的差异。然后根据数据分析制定预警措施。最后写出班级流感疫情监测实战的报告。

> 班级学生患流感的人数是否存在性别上的差异?
>
>
> 班级学生患流感的人数是否存在季节上的差异?

班级流感预警措施：

班级流感疫情监测实战报告：

七、教师评语

4.3.6 "流感疫情监测"项目自我评价量表

评 分 内 容	非常好	良 好	有待提高	得 分
1. 能够独立绘制出统计表。	4—5	2—3	0—1	
2. 能够独立绘制出统计图。	4—5	2—3	0—1	
3. 能够从统计表和统计图中提取有效的信息。	4—5	2—3	0—1	
4. 能够正确地分析问题,找出待解决问题的关键步骤。	4—5	2—3	0—1	
5. 能够写出较为合理的解决问题的方案。	4—5	2—3	0—1	
6. 能够从多角度评价解决方案的合理性、可行性。	4—5	2—3	0—1	
7. 能够质疑、批判地看待媒体信息或社会现象。	4—5	2—3	0—1	
8. 能够运用一定的方法(如逻辑推理、统计方法)判断媒体信息或社会现象的真实性与合理性。	4—5	2—3	0—1	
9. 能够使用专业术语,并用科学、严谨的语言写出自己的观点。	4—5	2—3	0—1	
10. 能够与组员配合有序、合作高效。	4—5	2—3	0—1	
11. 能够在合作中有效地管理自己的情绪。	4—5	2—3	0—1	
12. 能够包容、接纳他人的不同意见、消极情绪等。	4—5	2—3	0—1	
总 分				

备注:教师可以根据具体学习情况调整表格评价标准和分值。

4.3.7 "流感疫情监测"项目实战评价量表

评 分 标 准	非常好	良 好	有待提高	得 分
1. 班级流感监测方案内容详尽、具有合理性和可行性。	4—5	2—3	0—1	
2. 能够有效动员班级学生参与，使监测方案得到较好实施。	4—5	2—3	0—1	
3. 监测工作进展记录清晰、完整。	4—5	2—3	0—1	
4. 能够使用有效的方法准确收集监测数据。	4—5	2—3	0—1	
5. 能够合理地使用信息技术辅助流感监测工作的实施。	4—5	2—3	0—1	
6. 能够选择正确的方法分析监测数据。	4—5	2—3	0—1	
7. 能够根据班级监测情况制定出相应的流感预警和防控措施。	4—5	2—3	0—1	
8. 能够根据监测数据撰写出监测报告。	4—5	2—3	0—1	
9. 团队成员分工明确，职责清晰。	4—5	2—3	0—1	
10. 团队成员能够彼此认同、合作融洽。	4—5	2—3	0—1	
11. 在监测过程中，团队工作具有创新性。	4—5	2—3	0—1	
总 分				

备注：教师可以根据具体学习情况调整表格评价标准和分值。

4.3.8 "流感疫情监测"项目评价量表

评价人：_____

评 分 标 准	是	否
1. 项目能够模拟"现实世界"，或者解决真实世界中的问题。		
2. 项目中的问题和过程步骤是成年人能够解决和操作的。		
3. 项目问题对学生有现实意义或价值。		
4. 学生能够独立地实际操作项目的实施步骤，或者使用到学生自己的想法或者发明创造的产品。		
5. 项目问题的解决方案有不止一种可能的正确答案。		
6. 项目问题的解决具有一定的复杂性。		
7. 项目能够提供学生向真实观众展示他们自己或他们的成果的机会。		
8. 项目的内容与课程标准或学校教育的内容相关。		
9. 项目具有明确的培养学生知识和技能的目标。		
10. 项目具有核心概念和具体的知识、技能。		
11. 项目的实施需要到使用核心概念、知识和技能，并且能够将核心概念、知识和技能用于解决现实问题。		
12. 项目的实施需要学生使用专业术语，以及科学的、严谨的语言和行为进行交流、表达和操作。		
13. 项目的实施以团队合作为主，项目问题的解决需要学生与他人沟通、合作。		
14. 项目学习中需要学生使用自我管理技能（例如，时间管理、资源分配、制定工作计划等）。		
15. 项目的实施需要学生从教材以外获取信息、数据等。		
16. 在项目实施的过程中教师具有实质性的角色扮演，参与到学生的项目实施和问题解决活动中。		
17. 学生能够就项目内容或问题解决与有经验的成年人进行沟通、讨论。		
18. 项目的评价标准清晰，没有歧义。		
19. 项目评价的内容多样化，不仅评价学生对知识和技能的掌握，还包括高阶思维能力、合作能力、自我管理能力等。		

续表

评 分 标 准	是	否
20. 学生对项目的评价标准熟悉，并且形成清晰的理解和解释。		
21. 项目的实施中需要使用信息技术。		
22. 学生需要使用技术辅助解决项目问题、分享和展示项目成果。		

备注：教师可以根据具体项目情况调整表格的内容、评价标准或分值。

4.4 人类的保护伞

4.4.1 项目内容介绍

- **项目主题的设计**

"疫苗"是学习者们较为熟悉的词汇，接种疫苗也是学习者亲身经历过的事件，但是，学习者并非都对接种疫苗持有积极的态度，部分原因是学习者对疫苗的诞生过程较为陌生。本项目聚焦疫苗制造的上游工程，即"疫苗设计"，从疫苗设计的理论和疫苗设计的途径两个方面入手组织项目的教学，帮助学习者建立对疫苗和疫苗接种的科学认识，从而引导学习者重视疫苗接种的必要性，理性看待疫苗的作用和价值。"疫苗设计"是一个以问题解决为导向、综合多学科知识和技术的工程，在项目学习过程中，学习者能够体验和理解科学研究与工程设计的过程，锻炼逻辑推理、归纳、信息能力、写作、阅读、分析与解决问题的能力。通过这个项目的实施，学习者还将获得相关的职业体验，认识到团队合作的价值以及作为社会成员的责任和使命担当。

- **教学目标**

（1）学习者能够通过多角度分析完成学习单上有关疫苗设计技术的优势与不足的分析。

（2）学习者能够完成疫苗设计的实战活动。

（3）学习者能够初步了解疫苗产业的相关职业及其岗位工作内容，获得职业体验。

（4）学习者能够认识到团队合作的价值，尊重不同的岗位。

- **教学描述**

本项目的教学可分为两个阶段。在第一阶段，教师采取知识呈现教学模式，按照"疫苗概述""疫苗设计的基本原则""疫苗设计的关键策略"和"疫苗设计的新技术"四个模块教学，为项目学习奠定知识基础，在运用知识呈现教学模式过程中，教师特别注意为学习者创造"参与"的机会，避免填鸭式教学。在第二阶段，教师设计探究性学习活动，创设全员（包括教师和全体学习者）参与职业体验，教师和学习者通过角色扮演完成项目学习。最后，在结课环节，教师对疫苗设计的相关内容做总结，并且引导学习者反思职业体验，认识个人的社会责任和团队合作的重要性。

- 知识类型
  - ✓ **概念**：靶抗原；表位；记忆细胞；抗原；疫苗；疫苗设计；佐剂
  - ✓ **技能**：逻辑推理；归纳；信息能力；写作；阅读；分析与解决问题能力
- 项目安排
  - ✓ **课时**：2—3节课，每节课60分钟
  - ✓ **年级**：高中（也适用于初中）
  - ✓ **涉及学科**：流行病学；免疫学；生物信息学；分子生物学；细胞生物学；微生物学；技术；科学

4.4.2 项目实施过程

● **教学开端**

✓ **预备**：(1) 组建合作学习小组；(2) 分发学习单。

✓ **导入**：

(1) 切入话题。教师可以提问"到了流感高发季节，我们能够通过什么办法增强机体的免疫系统功能呢？"教师倾听学生的回答，并对学生们的答案进行总结，引出"疫苗"的话题。

> **教 学 提 示**
>
> 在"切入话题"阶段，本教学案例提供的问题是"到了流感高发季节，我们能够通过什么办法增强机体的免疫系统功能呢？"意在引起学生注意"增强机体免疫系统功能"，以便快速引出"疫苗"这个话题。
>
> 当然，教师可能创设出不同的情景、抛出各种各样的问题，比如"到了流感高发季节，我们如何保护自己不被流感病毒感染呢？""同学们是否接种过流感疫苗或者其他疫苗？""同学们对疫苗了解有多少？"等等，针对这些问题，学生的答案可能是五花八门的，譬如，针对"到了流感高发季节，我们如何保护自己不被流感病毒感染呢？"这个问题，学生们可能回答"不到人员密集的地方去、隔离、勤洗手、多运动、加强营养、多睡觉、接种流感疫苗"等等，这些都是预防流感的有效措施，也是对教师问题的正确回答，面对这种情形，教师在引出疫苗话题前，需要对学生们的回答进行归类、补充和总结，例如，可以运用信息技术或者手绘图表展示出学生答案对应的传染病预防措施："隔离"属于控制传染源，"不到人员密集的地方去""勤洗手"属于切断传播途径，"多运动、加强营养、多睡觉、接种流感疫苗"属于保护易感人群。

(2) **引起关注**。教师借助信息技术列举一些常见的疫苗产品（如丸、针剂等）及其使用方法（如口服、注射），并对展示的内容做简要的介绍，帮助学生对疫苗形成具体的、形象的认识，然后教师提出问题"疫苗的生产流程是怎样的？"可以提问个别同学也可以向全班同学发问。在听取学生们的反馈后，教师总结并讲述"疫苗的研制过程包括疫苗设计、疫苗的生产制备、疫苗效果的免疫学分析、疫苗效果的流行病学评估四个部分，其中，疫苗设计是疫苗研制的上游工程，是疫苗研制的一个关键环节"。

(3) **陈述目标**。教师陈述学习任务："今天我们来学习疫苗设计的相关内容，包括一些重要的概念、疫苗设计的原则、策略和技术。"

教 学 提 示

在"引起关注"阶段，本教学案例设计的问题旨在引导学生关注"疫苗设计"，明确学习方向。教师需要根据学生反馈的答案和实际的学情，适当讲解或补充疫苗研制过程的相关内容，或者在课内略讲，或者在学习单里以阅读资料的形式呈现，一方面帮助学生进一步理解学习内容，一方面拓宽学生视野，激发学习兴趣。

在"陈述目标"阶段，教师简明扼要地口述本项目学习的主要内容，也可以在学习单中以思维导图的形式或其他图表形式呈现学习内容，最好能在学习单上写出相关概念及具体内容，便于学生在学习的过程中随时查阅概念，而不是凭借自己的"片面"理解开展项目学习。

在本项目的教学设计中将"陈述目标"作为一个教学环节单独列出，教师在项目学习的教学设计时，也可以将"陈述目标"的内容纳入"引起关注"环节，但是，明确告诉学生项目学习的内容或目标是极其必要的，因为项目学习的实施往往需要较长的时间，学习的内容既蕴含核心概念的学习，也包含与核心概念相关的知识的学习，教师使学生明确项目学习的主要内容将有助于项目学习的顺利、持续开展。

● 教学主体

✓ 疫苗概述

(1) 疫苗的概念。教师利用信息技术形象地展示疫苗的概念，即"由病毒、细菌或其他病原微生物为起始材料，经过培养、增殖，并制成减毒、灭活的病原体，或再经纯化、裂解、基因工程技术等制备的亚单位、蛋白质等成分，分析这些成分的免疫原性，其中可以刺激机体产生特异性保护性免疫应答的抗原物质，靶抗原，富含靶抗原的制品就称为疫苗"。

(2) 疫苗的设计开发流程。教师借助信息技术呈现疫苗设计开发流程，讲述"人类疫苗的开发经历了经典疫苗、现代疫苗、治疗性疫苗（也称非常规疫苗）的阶段，总体上，疫苗的设计开发流程包括疾病认识阶段、致病因子研究阶段、候选疫苗设计阶段、临床试验阶段。其中，候选疫苗的设计是处于预防和治疗疾病最前沿、最富挑战性的环节。疫苗设计是以生物制品本身的生物活性或免疫原性为根本基础，以能够诱发持续的机体免疫为目的而筛选、开发疫苗"。

教 学 提 示

知识的积累是创新创造的源头，这些知识主要包括概念、原理和技术。项目学习重视学生创新创造能力和相关素养的培养，因此，知识学习依然是项目学习的重要内容。在本项目中，有关疫苗的概念、疫苗设计的原理和技术既是学习的内容，也是学生开展项目学习的基础。但是学生们可能对这些知识不熟悉，或者由于这些知识比较抽象，与学生的生活经验联系较弱学生们在理解知识时会遇到困难，为此，在本教学案例中，教师采用知识呈现教学模式讲述概念、原理和技术，借助一些案例进行解释。

在本项目案例教学中，有关疫苗的概念和疫苗设计的开发流程的内容均引自《疫苗工程》（马兴元等，2009）这本书，教师和学生可以翻阅参考。另外，教师还可以根据学生的学习状况和学校的实际情况借助信息技术等方式对概念、原理和技术等知识内容的教学与学习方式进行创新，选择更适合的途径达成教学目标。

✓ 疫苗设计的基本原则

(1) 安全性。教师面向全班提问"同学们，假如你是疫苗研发人员，在设计疫苗时，你会考虑哪些问题？"根据学生的回答，适时给予提示，例如"疫苗是一种以病毒、立克次氏体、螺旋体等为来源的生物制品，对于人体而言，接种疫苗是向机体引入一种外来的异源物质。如果疫苗进入人体后，除了引起机体免疫系统反应外，还会导致机体出现其他的病症、损害甚至是死亡，那么这样的疫苗能开发吗？"在倾听学生们的回答后，教师进行总结"疫苗不仅要对正常人是安全的，对免疫缺陷的人群也应当是安全的"。

教师继续讲"在 1925 年，Ramon 发现在疫苗中加入木薯淀粉、蛋黄素、琼脂、面包屑、白油、化脓性细菌等物质，可以增强白喉、破伤风抗毒素产生的水平，Glenny 也发现使用明矾沉淀白喉毒素可以诱导较好的免疫效果，从而导致铝佐剂的诞生。佐剂是指能够增强免疫应答或改变免疫应答类型的物质，应用时可以与抗原同时或预先注射入机体。佐剂的安全性也应当纳入疫苗设计的考虑范围，佐剂必须符合八项安全标准，即无致癌性、无毒性、纯度高、有一定的吸附力、在机体内能被降解和吸收、不含与机体有交叉反应的抗原物质、不应诱发自身超敏反应、稳定能储存一年以上不分解不变质"。教师最后总结"无论疫苗的效果如何，进行疫苗设计时，首先必须考虑疫苗、佐剂及其使用途径对人体的安全性，这就是疫苗设计的安全性原则"。

(2) 有效性。教师设计一个名为"线索"的课堂小游戏，给学生们提供五条信息，分别是：

① 在特异性体液免疫应答过程中，抗原被摄取和处理后提呈给 T 细胞，T 细胞分泌一些细胞因子会刺激 B 细胞增殖、分化、产生浆细胞和记忆细胞；

② 浆细胞能够产生抗体，抗体与抗原结合；

③ 记忆细胞能够特异性地识别抗原；

④ 当抗原再次进入机体时，记忆细胞可以直接增殖、分化产生浆细胞；

⑤ 抗体形成的规律是在初次免疫反应中，抗体产生时间长、产量少、作用持续时间短，再次反应中抗体产生时间短、产量大、作用持续时间长。

教师引导学生们根据给定的线索进行推断、归纳出"设计的疫苗必须能够有效促进记忆细胞形成，从而诱导抗体持续产生"，然后教师总结出"疫苗设计要遵循有效性原则，这也是疫苗设计的原理"。

（3）**稳定性**。教师运用信息技术展示疫苗生产、加工、运输、存储等环节的过程，同时讲述"疫苗作为生物制品，其在生产、加工、运输和存储的过程中要保持原有的免疫功能，在一定的期限内不易被破坏和降解，因此设计的疫苗还应考虑具备良好的稳定性"。

（4）**适切性**。教师先让学生们讨论有关疫苗接种的问题，例如，疫苗接种有哪些途径？接种的部位有哪些？针对不同年龄的人群，接种的途径和部位是否有所不同？然后教师利用信息技术带领学生们复习人体三道免疫防线，之后讲述"皮肤和黏膜是人体免疫系统的第一道防线，多数病原体是从黏膜感染开始的，这就意味着采用口服途径接种疫苗是可行的。事实上，人类有较长的历史通过口腔给药来获得防病的能力，例如减毒活疫苗脊髓灰质炎糖丸、轮状病毒活疫苗。但是，是否所有的疫苗都可以通过口服接种呢？什么样的疫苗不能口服呢？"通过讨论，引导学生理解设计疫苗时应当考虑疫苗接种方式的适切性。

（5）**费用合理**。教师展示"疫苗种类和价格"的数据，包括免费疫苗、自费疫苗以及各种疫苗的价格，然后提问"为何疫苗会分为免费疫苗和自费疫苗呢？"学生们开展小组讨论，教师深入小组巡视，根据学生们讨论的情况进行提问，例如，"你知道为什么这些疫苗是免费的，而另一些是自费的？"小组讨论结束后，倾听小组代表的回答，教师继续讲述"在我国，疫苗分为一类疫苗和二类疫苗，一类疫苗是免费疫苗，由国家出钱补贴，这类疫苗包括乙肝疫苗、卡介苗、脊灰减毒活疫苗、百白破联合疫苗、麻腮风联合疫苗等，二类疫苗是由公民自费并且自愿接种的疫苗，包括水痘疫苗、b型流感嗜血杆菌结合疫苗、肺炎球菌疫苗、流感疫苗等"。教师强调"免费疫苗与自费疫苗是同等重要的，是否定为免费或自费，与国家财政情况和免疫规划制度有关。随着我国免疫接种计划不断扩大，相信在不久的将来，我国的疫苗接种将会实现全部免费"。通过认识免费疫苗和自费疫苗，帮助学生们认识疫苗的价格制定应当具有合理性。

教 学 提 示

尽管导致人类传染病的病原微生物各有不同，相应的疫苗研制技术和过程也不尽相同，但是各类疫苗设计都遵循共同的"疫苗设计的基本原则"，即安全性、有效性、稳定性、适切性、费用合理性，这也是疫苗设计的策略和技术实施的前提。因此，在设计本项目时，考虑在疫苗设计策略和新技术内容之前，安排了"疫苗设计的基本原则"这一内容。

对"疫苗设计的基本原则"内容的教学，建议教师创设情景，例如本项目案例中的"有效性"原则，设计了一个"线索"小游戏，"费用合理"原则是通过阅读图表数据开展的，或者教师借用科学史（如本项目案例中的"安全性"原则）、结合疫苗实例，为学生提供逻辑推理、阅读信息（包括文字信息和非文字的数据信息）、归纳总结的机会，让学生经过独立思考、信息分析与判断，再由学生自己"说出疫苗设计的基本原则"，而不是由教师直接告诉学生"疫苗设计的基本原则"的内容。当然，在每个原则之后，教师给出专业性、严谨性的总结是必不可少的。

✓ **疫苗设计的关键策略**

（1）**抗原成分的选择**。教师提问"抗原是什么？"请个别学生回答，引导全体学生复习抗原的概念。教师重点讲述"抗原是一种物质，能够引起机体产生免疫应答，并能与致敏淋巴细胞和免疫应答产物抗体结合，从而产生免疫效应。因此，寻找有效的抗原成为疫苗设计的第一步"。紧接着提问"进入人体的病毒和细菌是抗原，我们的免疫系统如何识别它们呢？为什么？"组织小组讨论，然后请各小组派出代表陈述本组的观点。

在倾听各组回答后，教师利用信息技术展示病毒和细菌的结构和生活史，引导学生关注病毒和细菌的结构，提问"病毒和细菌的基本结构是什么？"在倾听学生们的回答后，继续讲述"病毒寄生于细胞内，本身没有细胞结构，由蛋白质外壳和核酸组成，细菌的基本结构包括细胞壁、细胞膜、细胞核、核质"。教师进一步提问"请同学们根据病毒和细菌的结构,来推测一下它们被免疫系统特异性识别的部位和物质成分可能是什么?"请个别同学回答,教师再总结"病毒的蛋白质外壳和细菌的细胞壁是免疫系统识别的部位,据此,我们可以推测出,对病毒性疫苗的设计首先考虑蛋白质疫苗,对细菌性疫苗的设计可能会选择特异性的多糖抗原"。

> **教 学 提 示**
>
> 教师可以根据学生的知识储备和在校学习进度(如生物课的学习)决定是否需要额外补充细菌、病毒的结构等知识,可将相关内容以阅读材料的形式呈现在学习单上。
>
> 为了帮助学生理解"抗原成分的选择",教师可以使用视频形象地展现细菌、病毒等病原微生物侵入人体、进入血液或细胞的过程,尤其是病原微生物各结构和物质组分在侵染过程中的作用。

(2) 抗原表位识别分析与预测。教师提问"同学们,在众多人群中你是如何识别出自己的父母、同学或者其他熟悉的人呢?"可以适时给予提示,如"你是否需要从头到脚都看一遍才能识别出来熟悉的人呢?"倾听学生们的回答后,教师接着讲"显然用不着,我们可以通过声音、长相、身材等局部特征就能识别出熟悉的人。同样的,免疫系统识别抗原时,也不需要把抗原上的所有部位都查看一遍"。教师强调"抗原上存在一些线性片段或者空间构象性结构,被称为表位,表位是引起免疫应答和免疫反应的基本单位,正是这些片段和结构是我们身体免疫系统特异性识别抗原的部位"。

教师利用信息技术结合实例帮助学生们理解抗原表位识别分析和预测的原理,讲解"特异性免疫反应包括抗体介导的体液免疫反应和致敏T细胞介导的细胞免疫反应"。教师可以向全体学生提问"我们身体里参与体液免疫反应的细胞主要是哪类细胞?参与细胞免疫反应的细胞又是哪种细胞?"待学生们回答后,教师继续讲述"B细胞是体液免疫反应的主角,针对诱导体液免疫为主的免疫应答,应当考虑抗原成分中的 B 细胞抗原位点，T 细胞是细胞免疫反应的主力军，针对诱导细胞免疫反应为主的免疫应答，应当考虑抗原成分中的 T 细胞抗原位点"。在全体学生都理解之后，教师接着讲述"根据识别抗原的免疫细胞可将表位分为 B 细胞表位、辅助性 T 细胞表位、细胞毒性 T 细胞表位等。目前研究发现，B 细胞表位是 8 个或更短氨基酸的长度，并存在一定的构象中，因此，对 B 细胞表位的预测通过计算抗原蛋白的理化特性或二级结构进行的，而 T 细胞表位在主要组织相容性复合体分子（major histocompatibility complex，MHC）中均被限制为一种伸展的构象，那么，对 T 细胞表位的预测更多的是分析一级结构形成的序列"。

教 学 提 示

教师可以根据学生的知识储备决定是否需要额外补充相关的生物化学知识（如氨基酸、蛋白质的结构等），可将相关内容以阅读材料的形式呈现在学习单上。

"抗原表位的识别与预测"内容相对抽象，建议教师借助信息技术（如视频、三维图片）、虚拟仿真实验，或者使用太空泥模型，帮助学生理解生物大分子的线性片段（如蛋白质的一级结构）和空间结构（如蛋白质的二级结构、三级结构）。

✓ **疫苗设计的新技术**

（1）**计算机辅助疫苗设计技术**。教师提问"同学们，如果你是疫苗设计研究人员，你会采用什么途径获取抗原物质？"请个别同学回答，然后利用信息技术结合实际案例向学生们讲解"传统的疫苗设计是从对病原微生物的研究开始的，一般要先分离获取病原株，在体外收集到足量的病原微生物体及其代谢产物，再从中筛选、鉴定出有效的抗原物质。随着生物信息学和计算机技术的发展，人们已经完成了大量的病原微生物基因组测序，可以利用专业的计算机软件直接分析病原微生物的基因组序列，运用多种算法或模型预测病原蛋白的表位"。

教 学 提 示

"计算机辅助疫苗设计技术"的内容较为抽象,建议教师展示一些疫苗设计相关的计算机软件(如PSORT、SignalP、OMIGA),教师还可以演示一些专业软件或者网站的使用方法,例如,在PSORT(https://www.genscript.com/psort.html)上提交氨基酸序列来预测目标蛋白质的定位,从而帮助学生理解计算机软件在疫苗设计中的实际应用。

获取核酸序列和蛋白质序列的方法:教师可以在NCBI数据库上查找生物的基因组序列和蛋白质序列,或者在Web of Science数据库上搜索研究文献,从中获取目的基因序列。也可以利用一些网站,如ExPASy,将核酸序列翻译出蛋白质序列。

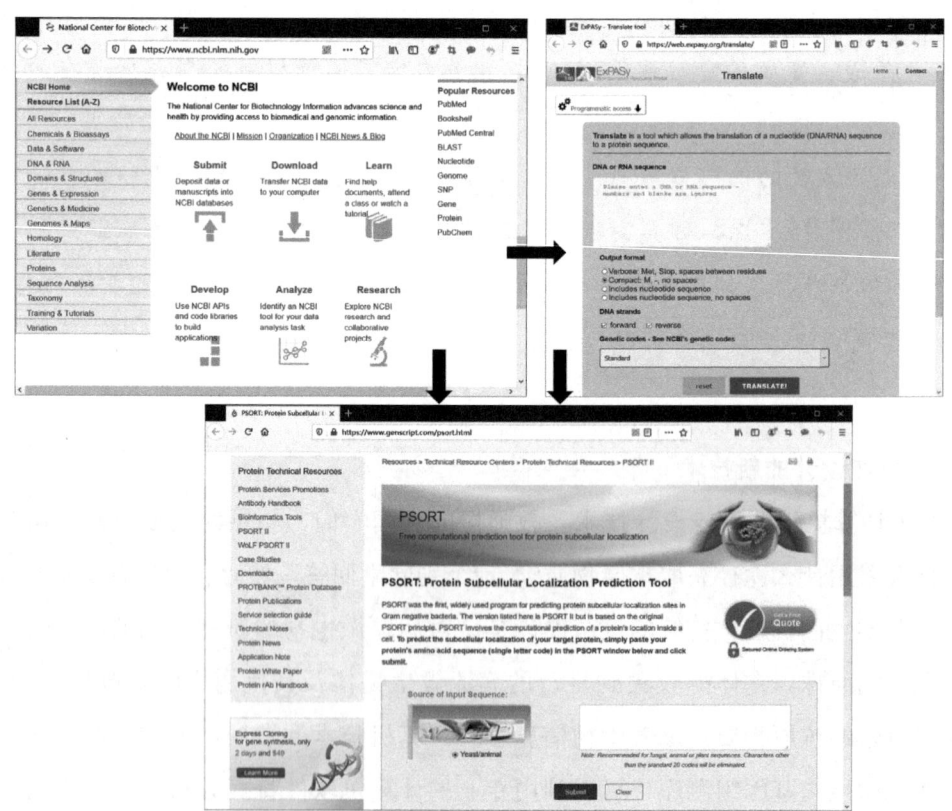

图4-6 计算机辅助疫苗设计中应用的数据库和序列分析工具

教 学 提 示

传统疫苗设计技术主要有两种,第一种是将病原微生物或减毒的非致病衍生物在适合的人工条件下培养、收集、灭活和配置,第二种是基于利用病原微生物的某些分离的成分,单独使用以引发机体对整个病原微生物的保护性免疫反应。

第一种技术是 200 年前的爱德华·琴纳(Edward Jenner,1749—1823)首次试用,之后由路易斯·巴斯德(Louis Pasteur,1822—1895)改进,这种方法对于无法进行体外培养的病原微生物不能奏效,另外随着国家对疫苗制剂提出了极高的安全和质量控制标准,一些从活的或者灭活的微生物制备的新疫苗制品越来越难获得批准。

第二种技术具有很高的安全性,而且如果可以利用基因工程生产疫苗有效成分,还可以省去培养病原微生物的程序,但是,这种技术具有明显的缺点,就是要筛选、鉴定出保护性成分是非常复杂而且耗时的。

(2) **反向疫苗学技术**。教师讲述"传统的疫苗开发需要花费大量的时间用于病原微生物的鉴定、培养和代谢产物的纯化等处理操作,而且有些病原微生物无法在体外培养,这就制约了疫苗设计的进程。现在,除了生物信息学、计算机技术的发展外,在生物学研究领域,基因组学和后基因组学技术的发展和应用,为新候选疫苗的设计带来了福音。人们可以不需要获得大量的病原微生物或其培养物,而直接利用病原微生物的基因组数据分析、预测和筛选出病原微生物的抗原蛋白。这种技术与传统的疫苗设计相反,因此称为反向疫苗学技术"。

教师利用信息技术结合案例(如 B 型脑膜炎球菌疫苗)讲述"反向疫苗学技术的流程是,先使用专业的计算机软件(如 PSORT 和 SignalP)分析病原微生物基因组的特定序列(如信号肽序列),寻找候选抗原基因库,通过扩增、克隆、表达出候选抗原基因,然后将纯化的候选抗原蛋白(如病原微生物的膜蛋白)进行血清学分析,并分析候选抗原蛋白基因的变异性,最终确定良好的候选抗原"。

> **教 学 提 示**
>
> 　　脑膜炎奈瑟菌（*Neisseria meningitidis*）简称为脑膜炎球菌（*meningococcus*），是流行性脑脊髓膜炎的病原菌。脑膜炎球菌依据其独特的多糖组成成分可以分为 13 个血清型，其中，A、B、C、Y、W135 五个血清型与疾病相关。B 型脑膜炎球菌（*meningococcus* B）是最早进行反向疫苗设计研究的实例，相关的疫苗设计技术和疫苗产品生产流程较为成熟。教师可以列举 B 型脑膜炎球菌疫苗的设计实验策略来讲解反向疫苗学技术的原理和应用，相关的案例可以查阅书籍，如《基因组学、蛋白质组学与疫苗》（格兰迪主编，2006），或者国内外的研究文献。
>
> 　　反向疫苗设计过程中涉及多种技术，比如，基因组测序技术，DNA 微阵列技术，蛋白质组学中的质谱技术，高通量克隆、表达和纯化技术等，教师可以根据学情等适当补充相关技术的原理和操作步骤，便于学生理解技术的应用。

（3）**拓展练习**。学生们在课堂上或者课后完成学习单上的拓展练习题目（请见学习单的"二、拓展练习"部分）。在学生们开始练习之前，教师需要提出明确的学习要求和任务，例如，要求学生独立或者以合作学习的形式完成，使用互联网搜集信息，运用比较法完成题目等。教师可以请学生们绘制出三种疫苗设计技术的流程图，并用文字标明主要的策略和技术，也可以根据学生的实际情况，由教师使用 PPT 展示三种疫苗设计技术的简明流程图，让学生们根据流程图搜集信息后整理成文字。

如果学生们是在课堂上做拓展练习，教师需要限定练习的时间，并且进行巡视，观察学生们进行分析和比较时的思维过程，记录学生们的答案，然后在全体学生完成拓展练习后，利用平板电脑或者其他辅助教学的信息技术让学生们上传自己的作业，教师将典型的答案进行分享，并组织讨论，启发学生们思考如何使用分析和比较的方法，最后，教师提供自己的答案作为参考。

✓ **疫苗设计实战**

（1）在疫苗设计的实战环节，学生们将要以疫苗研究人员的身份模拟开展疫苗的设计工作。教师可以利用信息技术构建一个遭受疫情的虚拟的世界、地区、城市或者乡村，也可以通过一个虚构的故事或者真实的事件将学生们带入情景，为了让情景更加真实，教师可以增添一些桥段，比如教师作为媒体报道疫情的紧急状况、用时间牌提示学生疫情持续的时间，让学生们感受到疫苗设计的紧迫性，体验到岗位职责的重要性，从而培养学生们的社会责任感和使命担当。

在情景创设中，教师需要提供一些必要的信息和道具，例如，告知疫苗设计团队实验室已经获得了病原微生物的基因组信息、体外培养物，或者告知该病原微生物无法在体外培养，向学生们提供疫情有关的流行病学信息，比如展示疫情每日新增病例的图或表、疫情传播的地域信息，让学生们根据信息分析和预测病原微生物的生物学特征，决定疫苗设计的方案。如果条件允许，可以提供太空泥等材料让学生自己动手建构病原微生物的结构模型。

教 学 提 示

在疫苗设计的实战环节，情景创设是一个非常重要的过程。越是真实的情景，越有助于学生们获得职业体验和社会责任感。为了增加情景的真实性，教师可以通过角色扮演（例如，让学生们抽签扮演不同的角色，教师也可以扮演媒体、旁白的角色）、使用真实的数据（比如病原微生物的生物学特征、疫情数据）等方式。

教师可以浏览中国国家流感中心（http://www.chinaivdc.cn/cnic/）、国际临床流行病学网络（The International Clinical Epidemiology Network，INCLEN）（http://www.inclentrust.org/inclen/）、美国疾病控制与预防中心（https://www.cdc.gov/）等网站，获取有关传染性病原微生物的生物学特征和流行病学信息等资源用于项目的教学。

（2）教师提出明确的项目学习的任务和具体要求，班级若干个小组代表不同的疫苗设计团队，团队里分工明确，每个团队都要争取在最短的时间内设计出预防病原微生物的疫苗。在设计的过程中，各个团队要与教师扮演的媒体记者保持联系，接受记者的采访，主动公布阶段性的成果。各小组的进展都要记录在学习单上。

学生们按照课前预先组建好的小组，开展合作学习，小组内各成员扮演不同的岗位角色，例如，疫苗设计团队的队长（或者称为负责人）根据信息联络专员提供的数据制定疫苗设计的方向和进度以及信息公开等决策，生物信息工程师负责提供计算机技术支持和基因数据的分析，分子生物学专家负责实施抗原蛋白检测等实验，信息联络专员负责收集团队各部门的信息和参与各部门的讨论，发言人负责撰写新闻稿并与媒体记者联络，各个小组可以根据本组的方案设计出新的角色。

学生们在开展疫苗设计时，可以使用互联网查阅相关的研究文献等资料。在学习单上要呈现出疫苗设计的方案流程图、设计依据等必要的信息。教师扮演的媒体记者深入到各个小组进行采访，一方面了解各小组的进展，并将各小组的发言人撰写的新闻稿向大家发布，供各小组了解其他团队的进展，另一方面教师向疫苗设计团队提问，作为提示引导学生们顺利开展项目学习，例如，"你知道生物信息工程师的工作是什么？""作为生物信息工程师，你需要哪些信息和数据进行疫苗设计？""作为疫苗设计团队队长，你制定决策时会考虑哪些因素或者事件？""作为疫苗设计人员，自身应如何做好防护？"

如果有个别小组率先完成了疫苗设计，发言人需要撰写新闻稿并联络扮演媒体记者的老师，然后这个小组开始筹划新闻发布会，而其他小组继续完成疫苗设计任务。所有小组都要筹备团队的分享汇报，在分享与评价环节呈现小组的合作成果。

（3）分享与评价。待所有小组都完成了疫苗设计工作后，由第一个完成疫苗设计的小组召开新闻发布会。

分享结束后，教师组织答辩会，每个小组汇报团队的疫苗设计方案和成果以及团队的合作过程，并接受来自其他小组和教师的提问，小组协调派出相应分工的组员进行应答。教师和每个小组依据项目评价表对其他小组的分享表现进行客观评价。（请见"人类的保护伞"项目小组评价表）

● **教学结课**

（1）教师首先对整个学习项目做总结，帮助学生更加理性地看待各种疫苗设计技术，引导学生们理解疫苗产业的发展离不开其他领域的发展和技术的进步，使学生们对疫苗设计和疫苗研发产业的前景充满信心，例如，教师可以讲述"疫苗设计是疫苗研发的起点，也是疫苗原始创新的源头。传统的疫苗设计的技术仍然具有其显著的优点，传统的疫苗开发技术并没有因为计算机辅助疫苗设计技术和反向疫苗学技术的应用而退出历史舞台。新的疫苗设计技术的开发和应用，一方面能够大大缩短我们研制疫苗的时间，另一方面为我们人类应对和控制新型病原微生物的侵染和流行病的传播提供了有力的工具"。然后，教师结合答辩会的汇报情况，引导学生们一起反思职业体验，从流行病及其预防的角度认识每个人的社会责任，懂得团队合作的重要性。

（2）每位学生填写学习单上的"四、职业体验感悟"表格（请见"人类的保护伞"项目学习单）。

（3）每位学生依据自我评价表对自己进行客观评价（请见"人类的保护伞"项目自我评价量表）。

- **教学评价**

  ✓ **评价时间：**

（1）课堂上的分享与评价环节。

（2）项目学习结束之后。

  ✓ **评价任务：**

（1）拓展练习评价（请见"人类的保护伞"项目拓展练习评价量表）。

（2）疫苗设计实战评价（请见"人类的保护伞"项目疫苗设计实战评价量表）。

（3）自我评价（请见"人类的保护伞"项目自我评价量表）。

（4）专家评价，教师将评价意见写在学生的学习单"五、教师评语"上。

4.4.3 项目设计解析

- **教学目标设计解析**

本书设计的 STEM＋课程的课程目标包括七个层面（请见第 2 章的"STEM＋课程目标设计"部分），通过"人类的保护伞"项目，将实现课程目标"（3）能够掌握科学探究和工程设计的流程"（在本项目中主要是掌握科学探究的流程），"（4）能够运用跨学科思维、逻辑推理以及多学科知识和技能分析解决现实问题"，"（5）发展批判质疑、反思、创新创造以及沟通合作、自我管理的能力"和"（7）能够尊重差异、适应变化、愿意承担促进可持续发展的社会责任感"。

在本项目中，每个课程目标的达成都由一个或多个教学目标支撑，具体来看，教学目标"（1）学习者能够通过多角度分析完成学习单上有关疫苗设计技术的优势与不足的分析"支撑了课程目标"（4）能够运用跨学科思维、逻辑推理以及多学科知识和技能分析解决现实问题"，教学目标"（2）学习者能够完成疫苗设计的实战活动"支撑了课程目标"（3）能够掌握科学探究和工程设计的流程"和"（5）发展批判质疑、反思、创新创造以及沟通合作、自我管理的能力"，教学目标"（3）学生能够初步了解疫苗产业的相关职业及其岗位工作内容，获得职业体验"和"（4）学生能够认识到团队合作的价值，尊重不同的岗位"支撑了课程目标"（7）能够尊重差异、适应变化、愿意承担促进可持续发展的社会责任感"。

根据布鲁姆认知领域目标分类法，上述教学目标（1）属于领会层面，教学目标（2）涉及应用、分析和综合三个层面，教学目标（3）和（4）归于评价层面。通过这些教学目标的达成，本项目将实现对学生低阶思维和高阶思维的培养。

- **教学设计的分析**

本项目围绕"疫苗设计"的相关知识展开，这些知识既是项目学习的重要内容，也是学生开展项目学习的知识基础，由于涉及的知识理论性较强，在本教学案例中，教师采用知识呈现教学模式进行理论部分的教学，采用探究性学习为学生们提供像科学家一样工作的学习机会。

在理论部分教学中，需要注意处理好"教师讲授"和"学生参与"的关系。在这个教学案例中，教师将项目学习所需的知识、原理和技术进行了梳理，按照"疫苗概述""疫苗设计的基本原则""疫苗设计的关键策略"和"疫苗设计的新技术"四个模块逐渐展开教学，在每个模块里，教师都以问题驱动教学，尤其是在关键知识、过渡环节设计了提问，同时，还编排了一系列的提示性问题，为学生"搭支架"，对于抽象的知识，让学生从现实着眼、身临其境地思考问题，有助于他们更好地理解知识，也有利于维持学生们的学习兴趣。此外，教师也在课堂教学形式方面进行了设计，譬如讲述"有效性"时，设计了课堂小游戏"线索"；讲述"费用合理"时，设计了读数据活动等，都是为学生们独立思考、主动学习创设氛围，促使学生们自己发现和说出"知识"。

在探究性学习环节，需要处理好"教师引导"和"学生探究"的关系，为了解决这个问题，在本教学案例中，教师尝试引入了基于职业体验的角色扮演，让学生和教师都"在其岗位，谋其职责"，从而避免教师"越俎代庖"，也让团队中的每一位学生都感受到自己的价值，体验到探究与合作的乐趣。

● **跨学科整合设计**

本项目围绕着"疫苗设计"这个问题，在教师的讲述中整合了流行病学、免疫学、生物信息学、分子生物学、细胞生物学、微生物学等不同学科的原理和技术，学生则在完成学习单上的"拓展练习"作业和"疫苗设计实战"活动中体验了跨学科的学习。具体而言，"拓展练习"的题目要求学生首先梳理出每种疫苗设计的流程、关键策略和主要技术，这就需要流行病学、生物信息学、分子生物学等学科知识，对这些技术进行比较时，需要从不同角度思考，才能做出全面的分析。在"疫苗设计实战"活动中，学生要根据情景中的信息进行分析、推理，才能制定出疫苗设计的策略，这与科学研究如出一辙。在整个项目学习中，仅仅依靠教师讲授的知识是不足以完成项目的，学生还需要利用信息技术来自主查阅和补充资料。因此，从教学设计的思路看，该项目是将多学科（包括技术）进行整合，从学习的全过程来看，学生利用了跨学科的思维和技能解决了"疫苗设计"的情景问题。

4.4.4 项目拓展方向

本项目可以考虑在疫苗制造的工艺流程、质量控制、疫苗的临床实验与评价、疫苗佐剂的研制、疫苗流通与储运等主题方面进行拓展，还可以聚焦疫苗设计研发案例，譬如 B 群脑膜炎球菌疫苗、抗致病性链球菌疫苗、流感疫苗等，为学生创造更加真实的探索情景，让学生通过研究具体的疫苗案例而深刻认识疫苗及其相关领域的现实问题。此外，如果条件允许，教师还可以带领学生参观疫苗研究机构、生物技术公司，从而获取相关职业的真实体验。

4.4.5 "人类的保护伞"项目学习单

一、概念词典

1. 靶抗原：是指能够刺激机体产生特异性保护性免疫应答的抗原物质。

2. 表位：是指抗原上存在的一些线性片段或者空间构象性结构，是引起免疫应答和免疫反应的基本单位。

3. 记忆细胞：是体液免疫中由B细胞分化而来的一种免疫细胞，对抗原具有特异性的识别能力，当抗原再次感染时，记忆细胞能够直接增殖、分化产生浆细胞，与抗原结合。

4. 抗原：是一种能够引起机体产生免疫应答，并能与致敏淋巴细胞和免疫应答产物抗体相结合，从而产生免疫效应的物质。

5. 疫苗：由病毒、细菌或其他病原微生物为起始材料，经过培养、增殖，并制成减毒、灭活的病原体，或再经纯化、裂解、基因工程技术等制备的亚单位、蛋白质等成分，分析这些成分的免疫原性，将其中可以刺激机体产生特异性保护性免疫应答的抗原物质制备成产品，就称为疫苗。

6. 疫苗设计：是以生物制品本身的生物活性或免疫原性为根本基础，以能够诱发持续的机体免疫为目的而筛选、开发疫苗的过程。

7. 佐剂：是指能够增强免疫应答或改变免疫应答类型的物质，应用时可以与抗原同时或预先注射入机体。

8. 反向疫苗学技术：不需要培养病原微生物，而是直接利用病原微生物的基因组数据分析、预测和筛选出病原微生物的抗原蛋白。这种技术与传统的疫苗设计相反，因此称为反向疫苗学技术。

二、拓展练习

请用文字和绘图的方式呈现传统疫苗设计技术、计算机辅助疫苗设计技术、反向疫苗学技术的主要流程、关键策略和主要技术,然后对三者进行分析和比较,完成下表相应的内容。

传统疫苗设计技术的流程、关键策略和主要技术:

计算机辅助疫苗设计技术的流程、关键策略和主要技术:

反向疫苗学技术的流程、关键策略和主要技术：

疫苗设计技术	优　势	不　足
传统疫苗设计技术		
计算机辅助疫苗设计技术		
反向疫苗学技术		

三、疫苗设计实战

1. 小组分工（需写明各成员的具体工作职责）

疫苗设计团队队长：

生物信息工程师：

分子生物学专家：

信息联络专员：

团队发言人：

……

2. 团队进展记录（需记录历次会议的讨论问题、发言情况及决策等）

第一次头脑风暴记录：

讨论问题：

成员发言记录：

决策：

新闻稿：

第二次头脑风暴记录：

讨论问题：

成员发言记录：

决策：

新闻稿：

……

3. 疫苗设计方案

对病原微生物的分析：

对流行病学调查结果的分析：

疫苗设计策略选用的依据：

疫苗设计技术选用的依据：

疫苗设计的流程：

其他情况的说明：

四、职业体验感悟

五、教师评语

4.4.6 "人类的保护伞"项目拓展练习评价量表

评分内容	非常好	良好	有待提高	得分
1. 能够完整写出传统疫苗设计技术的流程。	4—5	2—3	0—1	
2. 能够完整写出传统疫苗设计技术的关键策略。	4—5	2—3	0—1	
3. 能够完整写出传统疫苗设计技术的主要技术。	4—5	2—3	0—1	
4. 能够完整写出计算机辅助疫苗设计技术的流程。	4—5	2—3	0—1	
5. 能够完整写出计算机辅助疫苗设计技术的关键策略。	4—5	2—3	0—1	
6. 能够完整写出计算机辅助疫苗设计技术的主要技术。	4—5	2—3	0—1	
7. 能够完整写出反向疫苗学技术的流程。	4—5	2—3	0—1	
8. 能够完整写出反向疫苗学技术的关键策略。	4—5	2—3	0—1	
9. 能够完整写出反向疫苗学技术的主要技术。	4—5	2—3	0—1	
10. 能够从多角度分析三种疫苗设计技术的优势与不足。	4—5	2—3	0—1	
11. 能够完整地写出三种疫苗设计技术的优势与不足。	4—5	2—3	0—1	
12. 能够使用专业术语,并用科学、严谨的语言写出自己的观点。	4—5	2—3	0—1	
总分				

备注:教师可以根据具体学习情况调整表格评价标准和分值。

4.4.7 "人类的保护伞"项目疫苗设计实战评价量表

评 分 标 准	非常好	良 好	有待提高	得 分
1. 疫苗设计方案详尽、合理、可行。	4—5	2—3	0—1	
2. 能够为疫苗设计决策提供充分的理由。	4—5	2—3	0—1	
3. 能够使用科学、严谨的语言或者富有逻辑性的图标呈现出疫苗设计方案。	4—5	2—3	0—1	
4. 团队能够高效率完成设计任务。	4—5	2—3	0—1	
5. 团队工作进展记录清晰、完整。	4—5	2—3	0—1	
6. 学习成果展示方式有效,内容完整。	4—5	2—3	0—1	
7. 团队成员分工明确,职责清晰。	4—5	2—3	0—1	
8. 团队成员能够有机会并清晰地表述自己观点。	4—5	2—3	0—1	
9. 团队成员能够彼此认同、相互理解对方的观点。	4—5	2—3	0—1	
10. 能够有效使用信息技术实施项目。	4—5	2—3	0—1	
11. 团队工作具有创新性。	4—5	2—3	0—1	
总 分				

备注:教师可以根据具体学习情况调整表格评价标准和分值。

4.4.8 "人类的保护伞"项目自我评价量表

评价人：_____

评 分 标 准	非常好	良 好	有待提高	得 分
1. 能够准确描述和理解概念。	4—5	2—3	0—1	
2. 能够提出科学假设。	4—5	2—3	0—1	
3. 能够识别现象中蕴含的多学科知识。	4—5	2—3	0—1	
4. 能够控制实验变量，完成实验设计。	4—5	2—3	0—1	
5. 能够提出不止一种设计方案。	4—5	2—3	0—1	
6. 能够准确测量并记录结果。	4—5	2—3	0—1	
7. 能够进行科学解释和推断，结论准确。	4—5	2—3	0—1	
8. 能够预期可能的探究结果。	4—5	2—3	0—1	
9. 能够采用有效方式展示学习成果。	4—5	2—3	0—1	
10. 能够与组员配合有序、合作高效。	4—5	2—3	0—1	
11. 能够在合作中有效地管理自己的情绪。	4—5	2—3	0—1	
12. 能够包容、接纳他人的不同意见、消极情绪等。	4—5	2—3	0—1	
13. 能够认同职业岗位的重要性。	4—5	2—3	0—1	
总 分				

备注：教师可以根据具体项目情况调整表格的内容、评价标准和分值。

4.4.9 "人类的保护伞"项目评价量表

评价人：_____

评 分 标 准	是	否
1. 项目能够模拟"现实世界"，或者解决真实世界中的问题。		
2. 项目中的问题和过程步骤是成年人能够解决和操作的。		
3. 项目问题对学生有现实意义或价值。		
4. 学生能够独立地实际操作项目的实施步骤，或者使用到学生自己的想法或者发明创造的产品。		
5. 项目问题的解决方案有不止一种可能的正确答案。		
6. 项目问题的解决具有一定的复杂性。		
7. 项目能够提供学生向真实观众展示他们自己或他们的成果的机会。		
8. 项目的内容与课程标准或学校教育的内容相关。		
9. 项目具有明确的培养学生知识和技能的目标。		
10. 项目具有核心概念和具体的知识、技能。		
11. 项目的实施需要到使用核心概念、知识和技能，并且能够将核心概念、知识和技能用于解决现实问题。		
12. 项目的实施需要学生使用专业术语，以及科学的、严谨的语言和行为进行交流、表达和操作。		
13. 项目的实施以团队合作为主，项目问题的解决需要学生与他人沟通、合作。		
14. 项目学习中需要学生使用自我管理技能（例如，时间管理、资源分配、制定工作计划等）。		
15. 项目的实施需要学生从教材以外获取信息、数据等。		
16. 在项目实施的过程中教师具有实质性的角色扮演，参与到学生的项目实施和问题解决活动中。		
17. 学生能够就项目内容或问题解决与有经验的成年人进行沟通、讨论。		
18. 项目的评价标准清晰，没有歧义。		
19. 项目评价的内容多样化，不仅评价学生对知识和技能的掌握，还包括高阶思维能力、合作能力、自我管理能力等。		

续表

评 分 标 准	是	否
20. 学生对项目的评价标准熟悉，并且形成清晰的理解和解释。		
21. 项目的实施中需要使用信息技术。		
22. 学生需要使用技术辅助解决项目问题、分享和展示项目成果。		

备注：教师可以根据具体项目情况调整表格的内容、评价标准或分值。

附 录

STEM+课程主题项目学习安全承诺书

承诺书是指承诺人对要约人的要约完全同意而签订的书面材料,具有法律效力,受法律保护。

在 STEM+课程主题项目学习中,为保障学习者及学习环境的安全,学习者须签订本承诺书,并执行如下条款:

1. 我会听从老师的指导,遵守课堂纪律。
2. 在未被允许的情况下,我决不触碰任何物品。
3. 我会按照仪器设备的操作说明书使用仪器设备。
4. 在实践中,我会遵守规范的实验操作和实验流程。
5. 我会认真实践,对自己和周围人的安全负责。
6. 我不会把任何工具和材料带离教室或实验室。

承诺人:

日期:

参考文献

参考文献

1. Anderson LW, Krathwohl (eds.). A taxonomy for learning, teaching, and assessing: a revision of Bloom's taxonomy of educational objectives [M]. New York: Longman, 2001.

2. Banilower ER, Smith PS, Weiss IR, Malzahn KA et al. Report of the 2012 national survey of science and mathematics education [M]. Chapel Hill, NC: Horizon Research, 2013.

3. Barnosky AD, Matzke N, Tomiya S, et al. Has the Earth's sixth mass extinction already arrived? [J]. Nature, 2011, 471: 51—57.

4. Barrows HS, Tamblyn RS. Problem-based learning and approach to medical education [M]. New York: Springer, 1980.

5. Bloom BS, Egnlehart MD, Furst EJ, Hill WH et al. Taxonomy of educational objectives, handbook I: The cognitive domain [M]. New York: David McKay Co. Inc, 1956.

6. Blumenfeld PC, Soloway E, Marx RW, Krajcik JS et al. Motivating project-based learning: Sustaining the doing, supporting the learning [J]. Educational Psychologist, 1991, 26 (3—4): 369—398.

7. Brassler M, Dettmers J. How to enhance interdisciplinary competence-interdisciplinary problem-based learning versus interdisciplinary project-based learning [J]. Interdisciplinary Journal of Problem-based learning, 2017, 11 (2).

8. Breiner JM, Harkness SS, Johnson CC, Koehler CM. What is STEM? A discussion about conceptions of STEM in education and partnerships [J]. School Science and Mathematics, 2012, 112 (1): 3—11.

9. Charette RN. STEM sense & nonsense [J]. Educational Leadership, 2015, 72 (4): 79—83.

10. Chen C, Park T, Wang XH, et al. China and India lead in greening of the world through land-use management [J]. Nature Sustainability, 2019, 2: 122—129.

11. Common Core State Standards Initiative. National governor association and state education chief launch common state academic standards [EB/OL]. http://www.corestandards.org/articles/8-national-governors-association-and-state-education-chiefs-launch-common-state-academic-standards. 2010.

12. Confederation of British Industry. Changing the Pace: CBI/Pearson Education and Skills Survey 2013 [R]. London: The CBI, 2013.

13. Costanza R, d'Agre R, de Groot R, et al. The value of the world's ecosystem services and

natural capital [J]. Nature, 1997, 387: 253—260.

14. Culture Learning Alliance. Culture Learning Alliance STEM + ARTS = STEAM [J]. Culture Learning Alliance, 2014: 2, 8, 9.

15. Dewey J. Experience and education [M]. London: Collier Books, 1938.

16. Finkle SL, Torp LL. Introductory documents [J]. Aurora: Illinois Math and Science Academy, 1995.

17. Handelsman J, Smith M. STEM for all [EB/OL]. [2016 - 02 - 11]. http://www.whitehouse.gov/blog/2016/02/11/stem-all. 2016.

18. HEFCE. Higher Education in England 2014 [M]. Higher Education Funding Council, 2014: 13—20.

19. Hoachlander G. Integrating & STEM [J]. Educational Leadership, 2015, 72 (4): 74—78.

20. Jasti C, Hug B, Waters JL, Whitaker RJ. How do small things make a big difference? Activities to teach about human-microbe interactions [J]. The American Biology Teacher, 2014, 76 (9): 601—608.

21. Kennedy D, Norman C. What don't we know? [J]. Science, 2005, 309 (5731): 75.

22. Kilpatrick WH. Dangers and difficulties of the project method and how to overcome them: Introductory statement: Definition of terms [J]. Teachers College Record, 1921, 22 (4): 283—287.

23. Koonce DA, Zhou J, Anderson CD, Hening DA, Conley VM. AC 2011—289: What is STEM? American Society for Engineering Education, 2011.

24. Kuhlthau CC, Maniotes LK, Caspari AK. Guided inquiry design: a framework for inquiry in your school [M]. Santa Barbara, CA: Libraries Unlimited, 2012.

25. Launch Control Challenge: Go or No-Go? [EB/OL]. http://www.lockheedmartin.com/us/who-we-are/community/education.html.

26. Li H, Liu YZ, Li J, Zhou XH, Li B. Dynamics of litter decomposition of dieback *Phragmites* in *Spartina*-invaded salt marshes [J]. Ecological Engineering, 2016, 90: 459—465.

27. Li H, Shao JJ, Qiu SY, Li B. Native *Phragmites* dieback reduced its dominance in the salt marshes invaded by exotic *Spartina* in the Yangtze River estuary, China [J]. Ecological Engineering, 2013, 57 (8): 236—241.

28. Li H, Zhang XM, Zheng RS, Li X, et al. Indirect effects of non-native *Spartina alterniflora* and its fungal pathogen (*Fusarium palustre*) on native saltmarsh plants in China [J]. Journal of Ecology, 2014, 102 (5): 1112—1119.

29. Livingstone I, Hope A. The Livingstone Hope Next Gen. NESTA. 2011: 6.

30. Lynch SJ, Means B, Behrend T, Peters-Burton E. Multiple instrumental case studies of inclusive STEM-focused high schools: opportunity structures for preparation and inspiration (OSPrI) [EB/OL]. http://ospri.research.gwu.edu. 2011.

31. Lynch SJ, Peters-Burton E, Ford M. Building STEM opportunities for all [J]. Educational Leadership, 2015, 72 (4): 54—60.

32. MA (Millennium Ecosystem Assessment). Biodiversity and Human Well-being: Biodiversity Synthesis [M]. Washington DC: World Resources Institute, 2005.

33. Maniotes LK, Kuhlthau CC. Make the shift [J]. Knowledge Quest, 2014, 43 (2): 8—17.

34. Moore TJ, Guzey SS, Brown A. Greenhouse design to increase habitable land: an engineering unit [J]. Science Scope, 2014, 37 (7): 51—57.

35. Moore TJ, Johnson CC, Peters-Burton EE, Guzey SS. The need for a STEM road map. In: Johnson CC, Peters-Burton EE, Moore TJ (eds) STEM road map: a framework for integrated STEM education. Routledge, p1. 2015.

36. Moore TJ, Smith KA. Advancing the state of the art of STEM [J]. Journal of STEM Education: Innovations & Research, 2014, 15 (1): 5—10.

37. National Center for Education Statistics. "Performance of U. S. 15-Year-Old Students in Mathematics, Science, and Reading Literacy in an International Context-First Look at PISA 2012" [EB/OL]. http://nces.ed.gov/pubsearch/pubsinfo.asp? pubid=2014024. 2013.

38. National Research Council. How people learn: brain, mind, experience, and school: expanded edition [M]. Washington, DC: National Academies Press, 2000.

39. National Science Board. Science and engineering indicators. Arlington, VA: Author [EB/OL]. http://www.nsf.gov/statistics/seind12/c2/c2h.htm. 2012.

40. Niemi H, Toom A, Kallioniemi A. Miracle of education: the principles and practices of teaching and learning in Finnish schools (Second Revised Edition) [M]. Leiden: Sense Publisher, 2016, 263—273.

41. Ong F, McLean J. Innovate: a blueprint for Science, Technology, Engineering, and

Mathematics in California public education [M]. California: California Dedicated to Education Foundation, 2014.

42. Organization for Economy Cooperation and Development (OECD). Education at a Glance 2012: OECD Indicators. OECD Publishing [M]. Washington, DC: OECD, 2012.

43. Partnership for 21st Century Skills. Framework for 21st century learning [EB/OL]. http://www.battelleforkids.org/learninghub/learning-hub-item/framework-for-21st-century-learning. 2019.

44. Pruitt SL. The next generation science standards: the features and challenges [J]. Journal of Science Teacher Education, 2014, 25: 145—156.

45. Roseman JE, Stern L, Koppal M. A method for analysis high school biology textbooks [J]. Journal of Research in Science Teaching, 2010, 47 (1): 47—70.

46. Sabochik K. Changing the equation in STEM education [EB/OL]. https://www.whitehouse.gov/blog/2010/09/16/changing-equation-stem-education. 2016.

47. U. S. Department of Education. April. "Postsecondary Awards in Science, Technology, Engineering, and Mathematics, by State: 2001 and 2009". National Center for Education Statistics [EB/OL]. http://nces.ed.gov/pubs2011/2011226.pdf. 2011. 2011.

48. White House. (n. d.). Reform for the future: fortifying science, technology, engineering and math (STEM) education [EB/OL]. www.whitehouse.gov/issues/education/reform. 2016.

49. Wiggins, G., McTighe. Understanding by design. 2nd ed [M]. Alexandria, VA: ASCD. 2005.

50. Wilson L. Innovation today, success tomorrow [J]. Techniques: Connecting Education & Careers, 2015, 90 (3): 6.

51. Begon, M. Townsend, C. R. Harper, J. L. 生态学：从个体到生态系统 [M]. 4版. 李博, 等译. 北京：高等教育出版社, 2016.

52. 陈晓慧, 徐彬, 张哲, Jennifer Jing Zhao. STEM教育研究与实践的理念与路径——访不列颠哥伦比亚大学科学教育专家Samson Nashson教授 [J]. 中国电化教育, 2019, 387 (4): 1—4, 22.

53. 杜惠洁, 舒尔茨. 德国跨学科教学理念与教学设计分析 [J]. 全球教育展望, 2005, 34 (8): 28—32.

54. 格兰迪. 基因组学、蛋白质组学与疫苗 [M]. 马贤凯, 等译. 北京：化学工业出版社,

2006.

55. 核心素养研究课题组. 中国学生发展核心素养［J］. 中国教育学刊，2016，10：1—3.

56. 金慧，胡盈滢. 以STEM教育创新引领教育未来：美国《STEM2026：STEM教育创新愿景》报告的解读与启示［J］. 远程教育杂志，2017（1）：17—25.

57. 鞠瑞亭，李慧，石正人，李博. 近十年中国生物入侵研究进展［J］. 生物多样性，2012，20（5）：581—611.

58. 李慧，张民选. 分科教学情景下STEM课程设计与实践探索［J］. 现代基础教育研究，2019，4：34—41.

59. 李慧，张民选，王全喜. 美国探究性学习管窥与启示：以高中生物学科为例［J］. 外国中小学教育，2015，8：60—65.

60. 李骁，吴纪华，李博. 为生物多样性与人类未来而战［J］. 科学通报，2019，64（23）：2374—2378.

61. 马兴元，廉慧锋，付作申. 疫苗工程［M］. 上海：华东理工大学出版社，2009：104—106.

62. 普赖斯，纳尔逊. 有效教学设计：帮助每个学生都获得成功［M］. 4版. 李文岩，等译. 北京：中国人民大学出版社，2016：183.

63. 首新，胡卫平. 为了一个更好的澳大利亚：澳大利亚中小学STEM教育项目评述［J］. 外国教育研究，2017，44（10）：100—114.

64. 王小栋，王璐，孙河川. 从STEM到STEAM：英国教育创新之路［J］. 比较教育研究，2017（10）：3—9.

65. 徐田子，夏惠贤. 从危机应对到战略规划：澳大利亚STEM教育政策述评［J］. 外国中小学教育，2018，6：16—29.

66. 杨盼，韩芳. 芬兰STEM教育的框架及趋势［J］. 电化教育研究，2019，9：106—112.

67. 杨亚平. 美国、德国与日本中小学STEM教育比较研究［J］. 外国中小学教育，2015，8：23—30.

68. 张华. 课程与教学论［M］. 上海：上海教育出版社，2000.

69. 赵中建. 美国STEM教育政策进展［M］. 上海：上海科技教育出版社，2015.

70. 中华人民共和国教育部. 关于全面深化课程改革落实立德树人根本任务和意见［R］. 2014-04-08.

71. 中国教育科学研究院. 中国STEM教育白皮书［R］. 中国教育科学研究院. 2017-06-20.

72. 中华人民共和国教育部. 中小学综合实践活动课程指导纲要［S］. 2017-09-27.

图书在版编目(CIP)数据

STEM+课程设计与实践指导 / 李慧著 . — 上海：上海社会科学院出版社，2020
ISBN 978-7-5520-3254-3

Ⅰ.①S… Ⅱ.①李… Ⅲ.①科学知识—课程设计—教学研究—中小学 Ⅳ.①G633.72

中国版本图书馆 CIP 数据核字(2020)第 129578 号

STEM+课程设计与实践指导

著　　者：李　慧
责任编辑：路　晓
封面设计：徐　蓉
出版发行：上海社会科学院出版社
　　　　　上海顺昌路 622 号　邮编 200025
　　　　　电话总机 021-63315947　销售热线 021-53063735
　　　　　https://cbs.sass.org.cn　E-mail：sassp@sassp.cn
排　　版：南京展望文化发展有限公司
印　　刷：苏州市古得堡数码印刷有限公司
开　　本：787 毫米×1092 毫米　1/16
印　　张：17
字　　数：274 千
版　　次：2020 年 9 月第 1 版　2025 年 8 月第 2 次印刷

ISBN 978-7-5520-3254-3/G·968　　　　　定价：40.00 元

版权所有　翻印必究